GOVORI
MUTUS LIBER

Kwen Khan Khu

april
2021

Kolekcija AGEAC onlajn

info@ageac.org

www.ageac.org   www.samael.org
www.vopus.org   www.radiomaitreya.org

Najdublje se zahvaljujem

Majstoru Samaelu Aun Weoru, jedinom Patrijarhu savremenog Gnostičkog pokreta i vrhovnom razotkrivaču ključeva koji obelodanjuju put prema Unutrašnjem Vaskrsenju.

Bez pomoći našeg svetog gurua, SAMAELA, bilo bi više nego nemoguće da razumemo tajna učenja koja su nam ostavili hijerofanti iz prošlosti.

Krajnja zahvalnost mojoj Majci (fizičkoj i duhovnoj) koja mi je poklonila postojanje (dala biće) i koja mi je usmerila život na puteve duha.

Autor

PROLOG

Za one koji proučavaju Nauku Alhemijskih transmutacija, nauku koja dodiruje lepote starih kultura i još konkretnije srednjovekovnu epohu naše zapadne istorije, neka se zna da rad kojeg je napisao V.M. Kwen Khan Khu (Óscar Uzcátegui) otvara, najzad, put ka razumevanju jednog od najvažnijih alhemijskih dela koje je u svoje vreme nosilo ime dubokog značenja MUTUS LIBER (Nema Knjiga).

Zanimljivo je ime ovog srednjovekovnog dela, zbog činjenice da je sastavljeno iz crteža ili gravura i nema nikakvog pisanog objašnjenja. Bez dvoumljenja, reč je o delu koje kondenzuje alhemijsku nauku preko crteža koji nam u svojoj tišini govore o Velikom Delu.

Neophodno je ovde napomenuti reči nekih ljudi od značaja kao Fulcanelli, Paracelsus i Samael Aun Weor koji podvlače sledeći hermetički iskaz: „Da bismo podrobnije razumeli nauku Velikog Unutrašnjeg Dela potrebno je da imamo Božji dar.“

Jasno je i evidentno, da je autor ovih otkrića učinjenih nad „Mutus Liber“, mogao doći do razumevanja alhemijskih gravura zahvaljujući ogromnoj pomoći koju je čovečanstvu pružio Samael Aun Weor, Kalki Avatar Nove ere Vodolije i Otac Savremenog Gnosticizma. Niti gnostičke doktrine vodile su autora dela „Govori Mutus Liber“

(„Govori Nema Knjiga"), čak do samih korenova hermetičke nauke, ili nauke Intimne Realizacije Bića.

Na stranicama ovog dela sjaji mudrost umetnosti transmutacija koja je u stanju da nas ponovo dovede do anđeoskog stanja koje je čovečanstvo nekad izgubilo i koje se danas može teško naći unutar ovog ljudskog bića naviknutog da ceni samo racionalni intelekt i da potcenjuje večite istine Duha.

Čitalac koji ozbiljno teži da korača po alhemijskim stepenicama koje vode ka Intimnoj Autorealizaciji Bića, otkriće u „Govori Mutus Liber" jasnog i tačnog vodiča radi razvijanja u samom sebi celokupne filozofije Umetnosti Transmutacija.

Potrebno je da ponovo informišemo našeg ljubaznog čitaoca o neophodnosti izučavanja, sa neograničenim strpljenjem i rešenosti, svih postulata koji su uneseni u ovo delo. Zbog toga nas obavezuje, pre svega, potreba za čitanjem i meditiranjem svake postavke sadržane u ovom jedinstvenom kompendijumu. U suprotnom slučaju, obična lektira sa nedostatkom verovanja koja produbljuje izučavano, samo bi nas bacila u tamnicu praznog intelektualizma i koja na kraju dobija tako ulogu biblijske „neplodne smokve".

Možda se zbog toga još jednom oslanjamo na alhemijsku rečenicu koja doslovce glasi ovako: „*Lege, lege, relege, labora et invenies*"; ova rečenica u prevodu nam kaže: „Čitaj, Čitaj, ponovo Čitaj, radi i naći ćeš".

Neka se sva vrata Palate Kralja (unutrašnjeg) otvore pred tobom, nemirni tragaču Realne Spoznaje, kako bi jednog dana mogao stići da sedneš sa desne strane Oca koji je na nebesima.

Inverencijalni mir!

Eliphas Iskhyrón.

UVOD

Neka se razume da je Alhemija stara nauka, po kojoj je moguće pretvaranje starih metala u čisto Zlato.

Ne zna se tačno gde se nalazila kolevka, poreklo ove milenijumske nauke. Neki su autori govorili da je poreklo Alhemije u Antičkoj Kini. Drugi, po redu, tvrde da je poreklo u Antičkom Egiptu itd, itd.

Sigurno je, samo uporedo sa dolaskom Gnoze, posredstvom velikog alhemičara Samaela Auna Weora, mogli smo na kraju razumeti realnost i dubinu Umetnosti Transmutacija.

Pre nego što su se pojavila Gnostička dela na internacionalnom tržištu, postojala je serija zamršenih traktata koji su predstavljali beskrajne nizove poglavlja punih najneverovatnijih gluposti u vezi sa Alhemijom.

U Evropi, autor ovog dela, nailazio je na ljude koji su lepo sanjarili, verovali su u alhemiju najgoreg kvaliteta. Sreo sam takve, na primer, jednog čoveka koji je sam sebe nazivao alhemičarem. Taj čovek mi je pokazao pojedine slike koje je sam napravio, u kojima se pojavljivao kako radi u običnoj kuhinji, mešajući hemijske tečnosti, a sve to pri svetlosti jedne sveće.

Po njima to je bila legitimna Alhemija. Nema većeg greha od ignorancije, rekao je Samael Aun Weor.

Postoje, takođe danas u Evropi, kursevi alhemije i šalju se studentima, kao bojagi, laboratorijske sprave: epruvete, baloni, retorte itd, kako bi dotični praktikovali, u svojim kućama, Alhemijsku Umetnost.

Sve su to, ljubazni čitaoče, ismejavanja, bezgranični sarkazam koji se razvija protivu ovog napaćenog čovečanstva, od strane profana i profanatora Velike Nauke.

Alhemičar nije bilo ko, rekao je Majstor Samael.

Sve je ove pomenute stvari na hiljade načina objašnjavao *Avatar Sinteze* u svojim osnovnim delima: „Savršeni brak“, „Rasprava o Seksualnoj Alhemiji“, „Misterija Zlatne Cvasti“, „Razotkriveni Parsifal“ itd, itd.

Ali je najžalosnije od svega toga to što, uprkos tolikih opomena i tvrdnji Majstora Samaela, mi studenti Gnoze još ne želimo da razumemo kako treba da radimo...

Znamo da treba da klešemo i ponovo klešemo grubi kamen – seks – i pored svega toga tražimo izlaz da bismo zaboravili na Sahaja Majtunu – seksualnu magiju. Do zasićenosti nam je bilo rečeno da treba da rafiniramo Sakrament Rima (ROMA – *AMOR*), ali mi nastavljamo da radimo u Užarenom ognjištu Vulkana zaposednuti atomima paklenog bluda.

Naglašena nam je beskonačno puta urgentna potreba da izbacimo otrovni sumpor – bludnu životinjsku strastvenu vatru – i da izbegavamo kristalizaciju suvog merkura – ejakulaciju; i nesumnjivo, postoje mnogi studenti koji žele da se dobro slažu i sa Bogom i sa Đavolom...

Majstor Samael je konstantno tvrdio da je Atanor (peć) alhemičara njegova sopstvena supruga, a još postoje osobe koje misle da rade sa više žena...

Stoji dobro zabeleženo da alhemijski rad traži strpljenje i istrajnost, a pored svega toga, mnogi studenti Gnoze su napustili praktiku Majtune jer su na glupi način želeli da „od danas do sutra“ fabrikuju Kralja Sunce …

U Hram Visoke nauke ne možemo da prodremo sve dok nogama gazimo – čak i sa vrlo dobrim namerama – antičke postavke Alhemije. Setimo se da u Arki Alijanse sija Sveti pehar – ženski joni (yoni), Božansko koplje –muški lingam, i Tablice zakona koje nas upozoravaju protiv svake namere preljube i/ili fornikacije.

Antički Hijerofanti u starim manastirima su oduvek znali da je Alhemija umetnost mešanja prirodnih latentnih supstanci u *Laboratorum oratorium* našeg fizičkog tela.

VITRIOL: *Visita interiore terrae rectificando invenies ocultum lapidem.* U prevodu na pristupačan jezik, kaže se: *Poseti unutrašnjost tvoje filozofske zemlje* – fizičko telo – *i tako ćeš, popravljajući je, naći okultni kamen*, jer radeći sa transcendentalnom seksualnošću klešemo grubi kamen srazmerno sa umiranjem u nama samima.

Alhemičari Srednjeg veka su uvek tražili neki kamen, koji je predstavljao ključ svih kristalizacija. Mi, gnostičari, proverili smo i znamo da je ovaj čudesan kamen isti kamen spoticanja i uzrok skandala kojeg spominje Sveti Pavle u Svetom Pismu. Takođe je to i onaj kamen koga su odbacili zidari Hrama i koji je sada stigao da bude njegova „glava ugla“.

Takođe znamo da je dotični kamen osnova svakog autentičnog hrišćanina, a taj koji ga odbija videće svoju kuću – unutrašnju – razrušenu onda kada se budu reke razlile i kada će vetrovi besno duvati protiv nje, jer je njegova kuća bila sagrađena na pesku (zemlji) – teorijama – onako kako kazuju Jevanđelja...

Drugim rečima, ljubazni čitaoče, Filozofski kamen je sastavljen iz neprestane smeše Sumpora i Merkura u peći naših seksualnih organa.

Sumpor je erotička sila i Merkur je seminalna energija. So je sublimirani Duh pomoću beskonačnih kombinacija gore navedenih elemenata. Zbog toga je SO bila nazvana: SO *Univerzalne mudrosti*.

Odžak alhemičara je kičmeni stub ili patrijarhalna palica. Kroz ovaj odžak uzdižu se pobednički atomi stvaralačke energije, koji se isparavaju erotičkom snagom seksualnog čina.

 Dotični odžak poseduje kanale kroz koje se uzdiže pitko zlato, entitet oplođenog semena seksualnom transcendentnom vatrom, sve do destilatora – mozga.

Procedura se sastoji u radu skladno sa Sakramentom Rima (Roma) – treba da se čita obrnuto, Amor – uvek izbegavajući seminalnu ejakulaciju.

„Za nedostojne su sva vrata zatvorena, osim jednih, a to je iskreno kajanje…"

Voljeni čitaoče, ako ti želiš da doživiš misterije Arke Alijanse, pogledaj samoga sebe, budi sam svoj sudija i predloži sebi zdravi cilj: pronađi i izučavaj Gnozu.

Autor

MUTUS LIBER, IN QUO TAMEN
tota Philosophia hermetica, figuris hieroglyphicis
depingitur, ter optimo maximo Deo misericordi
consecratus, solisque filiis artis dedicatus,
authore cujus nomen est Altus.
21·11·82· Neg·
93·82·72· Neg·
82·31·33· Jued·
RVPELLÆ
apud PETRVM SAVOVRET · cum Priuilegio Regis
M · DC · LXXVII·

PLANŠA 1

Na ovoj prvoj planši primećujemo muškarca kao prvobitno biće. Vidimo ga utonulog u duboki san. San koji otkriva dva značenja: dubok san svesti i proročki san Patrijarha Jakova.

Muškarac iz naše teme, naslonjen je na Sakralni Milenijumski Kamen. Ovo je kamen spoticanja i stena sablazni, što je citirano u Svetim Knjigama. Evo ovde Tajnog kamena koji se razlikuje od svih ostalih, zato što na njemu treba da podignemo naš unutrašnji Hram, na kamenu Ljubavi (seksa).

Ovaj kamen nas, takođe, navodi da mislimo na tajnu pećinu u kojoj je famozni Ali Baba skrivao svoje blago, svoje dragulje raznih boja. Ova se pećina nalazi unutar naše Filozofske Zemlje — fizičkog tela. Ovde je sinteza alhemijskog Vitriola: *Visita interiore terrae rectificatur invenies ocultum lapidem;* što prevedeno znači: Poseti unutrašnjost zemlje i popravljajući je, otkrićeš tajni kamen.

U tesnoj su vezi Kamen i planina, jer sa kamenom seksualnosti kročimo na put prema planini Visoke Inicijacije.

Uspavani muškarac na ovom crtežu može predstavljati, takođe, i Prvobitnu materiju (sirovinu) Velikog Dela. Odnosimo se na očišćavajuću vodu, Merkur Mudrih, srebrnastu ili srebrnu vodu, koja nije ništa drugo već spermatička voda prvog trenutka. Alhemičar uvek treba da operiše pomoću tučka i vatrostalne posude. Tučak je *membrum virilis* i vatrostalna posuda je *uterus feminae*.

Kada radimo u Delu, treba da koristimo Kabalistički broj 6 i Arkanum broj 15, koji se na kraju Hrističkog Dela pretvara u Arkanum 6, Arkanum ljubavi, Ljudske Duše, Tiferet (Tiphereth). Šest nas podseća na Solomonov Pečat. Dva spojena trougla predstavljaju dve prirode, božansku i ljudsku, koje stižu do rekoncilijacije samo posredstvom radne umetnosti Sakramenta (Svete tajne) Ljubavi – Sahaja Maithune ili Seksualne Magije.

Ovde je prisutna sjajna lestvica svih vremena. Ovo je ta lestvica na kojoj je Patrijarh Jakov video anđele kako se uzdižu ili silaze. Dotična lestvica simboliše kičmeni stub sa svoja 33 pršljenova ili inicijatička stepenika. Duž svakog pršljena ili kanjona, uzdižu se sjajni atomi transmutiranog i transformiranog stvaralačkog semena u *atomsku paru*.

Ovo je lestvica za uzdizanje ili silaženje. Niko ne može da se podigne (duhovno) ako pre toga nije sišao u *Magisterijum* Boga Vulkana. Ovo je misterija (tajna) onih dvaju anđela koje vidimo na ovoj planši.

Primećujemo dve ružine grane koje izgledaju vezane čvorom. Te dve grane koje vidimo u donjem delu, šuplje su i aludiraju na enigmatične kanale koje u Orijentu nazivaju Ida i Pingala i koji su postavljene sa jedne i sa druge strane našeg kičmenog stuba, jedan sa njegove desne strane i drugi sa leve.

Ovo nas takođe podseća na nadi, ime sa kojim se u Indiji određuju ganglijski kanali koji u opširnoj mreži omotavaju kičmeni stub.

Čvor kojim su vezane dve grane, simbol je teškoća koje treba savladati neofit da bi ušao u *Sanctum Regnum* Visoke Magije. Takođe nas podseća na veznu tačku zvanu Triveni.

Rad za odvezivanje čvora sastoji se u dominaciji nad nama samima kako bismo postigli da bude u redu seksualna sila. Radi ovoga, student treba da počne da radi u *Magisterijumu* vatre postepeno, glancajući malo pomalo grubu seksualnost, dok ne stigne da joj stvori suptilan oblik.

Evo ovde inicijatičke reči koje nas opominju o potrebi da udalji-mo dim morbiditeta od sakralnog plamena ili moćne i tihe erotične vatre. Istinski alhemičar treba da stigne do *magisterijuma*, oslobođen od stvari ovoga sveta i mrtav u svojim podlim strastima.

Alhemičar je pozvan da se transformiše u gospodina i gospodara planetarnih sila uopšteno, a da bi ovo uspeo treba pre svega da kontroliše svoju prirodu.

Trube na kojima sviraju anđeli predstavljaju jasan poziv kojeg upućuju Adepti Svetlosti običnom i uspavanom čoveku svih vremena. Ljudsko biće je više puta bilo stavljeno pred Veliki Arkanum, ali slepilo njegove nesvesnosti nije mu dozvolilo da ga vidi.

Običan (jednostavan) čovek treba da se odrekne fascinacije, od svoga sna, i da sluša raznovrsne pozive koje mu konstantno upućuje njegovo duboko unutrašnje Realno Biće.

Da bi izašli iz hipnotičkog sna u kom se nalazi svest, potrebno je da prihvatimo da budemo nošeni od Boga Saturna, tj., od smrti. Ali ne od fizičke smrti, već od one psihološke.

Praktikovanje Sahaje Majtune, propraćene tajnim mantrama: KAWLAKAW, SAWLASAW, ZESAR, pomaže buđenju naše organske i psihičke prirode, kako bi primili poruke iz Viših Svetova.

Verbum (reč) je neophodan, to je božanski poklon deponiran u čovečijem grlu. Sve je ovo u vezi sa trubama na ovoj planši.

Treba da razumemo, pre svega, da je alhemijska radnja u čvrstoj vezi sa jutarnjom aurorom — najboljim momentom da se radi sa Arkanumom A.Z.F. Zbog ovog, srednjovekovni alhemičari su povezivali ovaj rad sa zvezdom Aurore, Venerom, zvezdom Danicom, planetom ljubavi. Takođe je ova radnja bila povezana sa Lunom (Mesecom), jer ona u alhemiji predstavlja ženu i seminalne vode.

Mesec koji se vidi na ovoj planši, gore desno, pojavljuje se u opadanju, označavajući negativno stanje, sa duhovne tačke gledišta, običnog čoveka, mehaničkog i uspavanog čovečanstva.

Reči *Mutus Liber In Quo Tamen*, treba da se prevedu ovako: Ja sam vazduh iz suvog kamena, *ja govorim svakojako*. Ovo sam otkrio sintetički objašnjeno anagramiranjem slova koja sastavljaju rečenicu (Mutus Liber In Quo Tamen), što nam daje sledeći akrostih: SUM BETULI R INQUO TAMEN; i koji u prevodu znači: *„Vazduh sam sakralnog kamena, nema sumnje, govorim"*. Drugi autori identifikuju betil kao crni kamen koji je sa neba pao, kojeg je Saturn progutao i koji je imao Božiji dar orakla i proročanstva. Gnoza nas uči da ovaj heliogabalski kamen (Heliogabal – razvratni rimski car, *nap.prev.*) jeste naš kamen u početnom stanju. Ovaj crni, grubi i neobrađeni kamen, jeste seksualnost običnog čoveka i početnika koji upada u alhemijske misterije. Kada poznajemo *Modus Operandi* Arkanuma A.Z.F. (Seksualna Alhemija), ovaj kamen menja svoje boje i kasnije će dati alhemičaru dar orakla i proročanstva. Slovo „R", izvučeno iz rečenice: „MUTUS LIBER R IN QUO TAMEN", jeste da bi alhemičaru pokazao da su veliki uspesi u radu Laboratorijuma nemogući bez pomoći egipatskog „RA", Sakralne Vatre, hrišćanskog INRI. Ova vatra na koju se odnosimo, jeste erotska i seksualna vatra koja sublimirana, na tačan način, treba da nas vodi ka dobijanju vatre Rusalije ili vatre Kundalini. Ovo nam pokazuje da se Nauka Transmutacija bazira na radu s Merkurom, koji deluje kao rosa, onda kada isparava posredstvom električnog seksualnog ukočenog impulsa.

Brojke i reči Neg. i Tued., treba da se čitaju obrnuto da bi u njima otkrili referisanja na Deuteronu (Ponovljeni zakon, Mojsijeva 5. knjiga) i Genezu iz Biblije, koja nam govori o Alhemiji u stihovima obeleženim brojkama koje smo pomenuli.

Položaj ruža koje se pojavljuju u donjem delu, odnosi se na različitu polarizaciju koju međusobno imaju kanali. Takođe, pokazuju nam duhovne vrednosti koje su budne, koje u nama cvetaju, onda kada se seminalni atomi, putem transmutacije, uzdižu.

Sakralni kamen nas podseća na crni kamen ili heliogabalski koji je bio korišćen u starim vremenima kao simbol Boga. Kaže se da su Majstori sinovi kamenja, a ovo zbog toga što su svi radili sa kamenom seksualnosti. Na početku, filozofski kamen je grub i crn, jer je takva seksualna priroda početnika. Kasnije, na putu, kamen će se obrađivati i dobijaće, malo pomalo, savršeni kockasti oblik. Ovo je misterija autentične Solarne Masonerije.

Na kraju pronalazimo na starom latinskom sledeći natpis:

EVO, OVDE SU REZIMIRANE SVE HERMETIČKE FILOZOFIJE, SVI HIJEROGLIFI I NAJBOLJE BOŽIJE MILOSRĐE POKLONJENO SI-NOVIMA ALHEMIJSKE UMETNOSTI POSREDSTVOM UZVIŠENOG AUTORA.

2

PLANŠA 2

U ovoj drugoj Gravuri otkrivamo lepe reprezentacije najznačajnijih elemenata alhemijske Umetnosti. Ovi su još iz antikviteta bili predstavljeni u različitim aspektima. Ponekad kao mitološka Božanstva – Apolo i Dijana, kao sakralne životinje – orao i zmija, ponekad kao nebeska tela – Sunce i Mesec.

Ova dva elementa bila su tvorci Makrokosmosa i Mikrokosmosa. Često sam čuo od Majstora Samaela Aun Weora da su sami univerzumi proizvodi Sakralne kopulacije koju realizuje Treći Logos – Sveti Duh, sa Drugim Logosom – Kosmičkom matricom, po zapovesti Prvog Logosa.

Ali, o kojim to elementima govorimo? Nema nikakve sumnje, o onim dvama elementima koji se nalaze upravo na osnovi ukupne kreacije. Oni su tajni Sumpor mudraca i neizreciv i prečist Merkur.

Sumpor je sideralna vatra autentičnih Ružokrstaša iz Hrama u Kumenesu. Merkur se nalazi komprimiran u spermatičkim vodama, koje je Priroda uskladištila u našim seksualnim žlezdama.

Kako je gore, tako je i dole, i makrokosmička Priroda bila je takođe proizvod spoja kosmičke sideralne Vatre sa angeoskom spermatičkom vodom. Ništa nije bilo i ništa neće biti bez pomoći ovih dvaju prvobitnih elemenata.

U našoj ljudskoj prirodi, dotična vatra je Rusalijska vatra, nazvana od Hindusa Kundalini ili Vatrena zmija. Alhemičar će primiti ovu vatru nakon što će njegove vode biti prerađivane posredstvom Sakramenta Krštenja – Seksualne Magije – naravno.

U nastavku vidimo Filozofsko Jaje u kome se odvija gestacija (period nošenja embrija) ukupnog Velikog Dela. Jaje je veoma sakralni simbol iz najstarijih vremena. Egipatski Bog Ra rađa se iz jajeta, i vidimo takođe i Krišnu – hinduskog Hristosa – sa njegovom suprugom Radom unutar jajeta. Hinduska filozofija govori nam da se Univerzum pojavio iz Ogromnog kosmičkog jajeta. Jaje je upravo sama utroba Mahe Kundalini, gde se obavlja gestacija zvezda, svetova, bogova, ljudi i zveri. Sve ovo ima visoko značenje.

To jaje transcendentalne seksualnosti je mesto u kome se obavlja gestacija istinskog Nebeskog Čoveka u unutrašnjosti svakoga od nas. Tamo, unutar ovog hermetičkog jajeta mudro se sjedinjuju erotička vatra i seminalni merkur, zahvaljujući jednom neutralnom elementu – nitričnoj soli – koja se nalazi u našim seksualnim hormonalnim sekrecijama.

Sve je ovo moguće zahvaljujući Metafizičkoj kopulaciji koju nam Gnoza predaje posredstvom izlaganja Majstora Samaela. Erotička vatra, propraćena aktom transmutacije, pretvara Merkur u neku vrstu isparljive vode koja se uzdiže kroz pršljenove ili komore našeg kičmenog stuba, zahvaljujući tajnom kanalu koji ih prožima. Dotičan kanal u Indiji naziva se Sušumna (Sushumna).

Rečeno je mnogo puta da svetlost izvire iz tmina, iz haosa. Ovo treba razumeti na mikrokosmičkom nivou ili ljudskom. Treba da razumemo da iz tmina Ljubavi – očišćene od niskih strasti – mi vadimo hrističku svetlost da bi osvetlili naš unutrašnji svet. Svetlost se nalazi skrivena upravo u seksualnim organima. Ovi zadnji, nekim redom, smešteni su na diskretan način u organskoj mašini ljudskog bića. Tamo, u te dubine, treba da se spustimo da bismo izvadili Svetlost Mudraca.

Čitalac treba da razume da Univerzalna Geneza ima u svom fondu seksualne implikacije. Sve je proizvod Univerzalne Seksualne Alhemije. Iz haotične materije – *ens seminisa* – pojavili su se svetovi, kontinenti, zveri, ljudi i bogovi. Ova haotična materija predstavljena je na ovoj gravuri Bogom Neptunom – Bogom voda ili entiteta seminalnih voda. Zbog toga se on nalazi na steni ili kamenoj masi koja nas podseća, nesumnjivo, na temelj našeg rada, na seksualnost, seks.

Dotična stena, na svoj način, kreće se među vodama na leđima delfina – simbola alhemijske Soli ili *Sapientia Universalis*.

Setimo se vode krštenja – seksualne – koja se nalazi u kamenoj krstionici u svim hrišćanskim crkvama. Kamen seksa sadrži sakralne vode i posredstvom kupanja u njima primamo Univerzalnu Mudrost.

Trident Boga Neptuna predstavlja nam tri sile – pozitivnu, negativnu i neutralnu – koje dejstvuju u prisustvu električnog seksualnog šoka bračnog para. Tako se pojavljuje svetlost koja će osvetljavati budućeg alhemičara. Isto tako, ove seksualne vode predstavljaju alhemičarevo ogledalo i u njemu možemo videti refleksiju ukupne Prirode. Potrebno je takođe da čitalac razume da ove vode predstavljaju „univerzalni rastvarač" srednjovekovnih alhemičara.

Sa ovim rastvaračem radi Adept na Ostrvu Slasti koje je mnogo puta alegorično nazvano Ostrvo iz Delosa. Na ovom ostrvu nalazi se Hesperidin vrt iz grčke mitologije. Ovo je ostrvo konstituisano od seksualnih slasti.

U seksualnom radu neophodno je da ne zaboravimo molitvu upućenu ženskom aspektu Božanstva koje se nalazi unutar svakoga od nas. Odnosimo se na unutrašnju i prečistu Božansku Majku, refleksiju Večite Kosmičke Majke.

„Treba da od koitusa stvorimo neku vrstu molitve." Rekao je u svoje vreme eminentni gnostički hrišćanski Patrijarh Sveti Augustin. Onaj koji bude zaboravio na svoju majku, unutrašnju, zalutaće i pašće u grešku. Na ovom putu transformacije

treba da se u svakom momentu obraćamo našem Ocu i našoj Majci – unutrašnjima.

Molitva treba da je namenjena našoj unutrašnjoj Majci pre početka rada, za vreme njega i na kraju ovog sakralnog akta. Iz ovog razloga vidimo par kako kleči ispred alhemijske peći. Par se nalazi u molitvenom stavu. Podsetimo se da u pojedinim alhemijskim delima iz Srednjeg veka prikazuje se sveštenik- alhemičar kako se moli ispred oltara. Alhemičar koji se poistovećuje, koji dozvoljava da bude hipnotisan seksualnim strastima, ostaje uhvaćen u zamku i pada kao žrtva Stabla Nauke od Dobra i Zla.

Na donjem delu peći vidimo dve kolone Hrama, Jakin i Boaz. Ima aspekat kaštela, jer se u njemu rađa Kralj, Intimni Hristos. Kaštel, atanor, hram, žena, to je jedna te ista stvar. Ko je Oficijant? Otac naš koji se nalazi u tajnosti. Sada ćemo razumeti hitnu potrebu da umremo u nama samima...

Opažamo takođe mikrokosmičko jaje; unutar makrokosmičkog jajeta: mikrokosmos-čovek, sadržan u makrokosmosu, po liku i obličju sa ovim – u alhemijskoj peći.

Vidimo tri dimnjaka koji predstavljaju tri kanala: Ida, Pingala i Sušumna (Sushumna). Glavni dimnjak je u sredini –medularni kanal kroz koji se uzdiže Igniska zmija.

Potrebno je da istrajemo, da imamo strpljenja i da radimo svaki put kada se može, u zapaljenom ognjištu supraseksualnosti, ali uvek, uvek, u stanju pripravnosti i u skladu sa ritmovima prirode.

Vidi se da gravura ima tri dela: gornji, u kome sunce, koje osvetljava sa 18 zrakova, simboliše zapovest viših hrističkih sila da se radi u devetoj sferi. Ako saberemo 18 na kabalistički način, 1 plus 8 daje 9, Deveta Sfera, seks. Sunce takođe predstavlja hrističku energiju koja je potrebna da nas spase ako iskorišćavamo njenu snagu u našem radu. Srednji deo predstavlja pobede koje zadobijamo u unutrašnjim svetovima. Donji deo je akcija u planu formi (fizičkom svetu).

3

PLANŠA 3

Na ovoj trećoj planši primećujemo koncentrične krugove koji su pod stražarenjem Sunca i Meseca. Podsetimo se da su Nova dva nebeska tela (astrološki – zvezde) dve sile ravnoteže našeg makrokosmičkog neba i tako su živa reprezentacija erotičkog Sumpora Sunca i Merkura koji predstavlja srebrnaste vode Meseca.

Gore, u gornjem delu, pojavljuje se Jupiter – Otac svih Bogova – kao simbol bele boje alhemijskih transformacija. Na početku, vode su crne i zbog toga su predstavljene od strane Saturna. Ove vode treba da se transformišu i iz njih treba da se izvuče beli želatin – drugo svedočanstvo Velikog Dela.

Ovo je moguće, ponavljamo, kada se sublimira seksualni čin. Jupiter jaše Realnog orla koji simbolizuje isparavanje Merkura. Dotični orao ima glavu kao ptica Feniks, pokazujući potrebu da nastavimo da umiremo na psihološkom nivou da bismo kasnije vaskrsli neprikosnoveni i čisti. *In Necis Renascere Integer* – Posredstvom smrti se vaskrsava neprikosnoveno i čisto.

Setimo se da ptica Feniks umire i iz sopstvenog pepela pobednički vaskrsava.

Dakako, naznačimo da su srednjevekovni alhemičari alegorično objašnjavali da su se između crne i bele boje pojavljivale mnoge boje u unutrašnjosti Hermetičke posude. Sve ovo nisu ništa drugo nego simboli koji su pokazivali rafiniranja kojima treba da podvrgavamo svoje haotične vode. Zbog toga se još kaže da će se u ovom prolaznom transu „umnožiti kiše" dopuštajući nam da naziremo da u ovoj etapi seksualna praktika postaje intenzivna. Ovo je, ponavljamo, pre nego što se pojavljuje drugo alhemijsko svedočanstvo, bela boja.

Zbog toga vidimo Boginju Junonu, simbolizujući belu boju, kako podstiče onih deset ptica da lete i da označe da se dogodila još jedna sublimacija. Osvajajući bele vode, alhemičar je učinio veliki korak koji upliće svojevremeno veliku odgovornost.

Počevši od ovog momenta, onaj ko radi u delu treba da koristi blagu i sublimiranu vatru; odnosno, treba da rafinira još više seksualnu vezu kako se ne bi ponovo pojavila crna boja – životinjska seksualna želja.

Drugim rečima, potrebno je da sublimacija vôda ne kasni, da bismo ih vodili do momenta u kom će biti oplođene od Filozofskog Sumpora – Kundalini – i tako ćemo dobiti Sumporisani Merkur.

Razne boje koje slede nakon crne, pre nego što će se pojaviti bela, jesu simbolizovane bojama pauna kog vidimo pored Boginje Junone.

Na isti način, alhemičari označavaju ovu promenu posredstvom obojenih ribarskih štapova, koji prikazuju da su boje izmenjene. Ovo je razlog zbog kog se pojavljuje štap za pecanje u donjem delu prvog kruga.

Dotični ribarski štap se vidi u desnoj ruci jedne žene – Večito žensko – koja nam se pojavljuje u gornjem delu gola, kao da nas poziva da ponovo radimo u laboratoriji transcendentalne seksualnosti. Ona, žena, jeste jedina koja može da zapali našu tajnu vatru i, iz ovog razloga, ona je ta koja nosi u drugoj ruci Lampu Mudrosti, lampu Ermita iz devetog arkanuma Tarota.

Žena, koju smo opisali, gleda prema muškarcu koji sedi ispred nje. Muškarac joj pokazuje pomoću jednog prsta njegove desne ruke da je potrebna „samo jedna riba" i da se koristi samo jedna trska za pecanje. Ovo treba da se razume; riba je simbol Merkura, seminalne vode sa kojima ne treba loše da postupamo. Trska, pored toga što je jedan falički simbol, predstavlja kičmeni stub duž kog se uzdiže Merkur oplođen Vatrom.

Iz svih ovih razloga neophodno je da razumemo da se alhemijski seksualni rad realizuje sa jednom jedinom ženom, a ako se odnosi na ženu, ona taj rad realizuje sa jednim jedinim muškarcem; u suprotnom slučaju, ako se realizuje sa više osoba, pada se u adulteraciju (preljubu) i gubi se čitav rad.

Sirena iz vode predstavlja ujedinjenje između dve prirode — ujedinjenje Sumpora i Merkura. Uhvaćena riba – delfin – od strane para ribara posredstvom seksualne udice, jeste ujedinjenje Sumpora sa Merkurom i Soli iz naših sekrecija (lučevina), u simbolima: muškarac-Sumpor, žena-Merkur i riba-Sunce.

Sva ova scena je pod vođstvom Neptuna koji ima zaustavljeni čamac. Neptun je Gospodar vode, tajni agent Velikog Dela.

Biće je Biće i razlog biti Bića je upravo Biće.

Barka je simbol Arke alijanse, zato što se sklapa tajni savez između ta dva elementa. Nojeva arka koja nas spašava od dezintegracije ili potopljene involucije. Ova barka ili arka je sveti Arkanum A.Z.F. – Sahaja Majtuna.

Neptun sa svojim tridentom, sa te tri sile kojima raspolaže Intiman, ukazuje prema paru iz trećeg kruga, muškarac – žena, Sumpor – Merkur, pokušavajući da ih pomiri.

U gornjem delu drugog kruga nalazimo jednu elegantnu ženu, između dve grančice cveća. Posredstvom žene mogu procvetati vrline simbolizovane cvećem.

Jedna grana ima šest cvetova. Ovih šest cvetova su šest boja o kojima govore alhemičari da se pojavljuju onda kada se radi sa kamenom: crna, siva, bela, narandžasta, žuta i crvena. Ali, govoreći hermetički, one se sintetizuju na četiri: crnu, belu, žutu i crvenu. Da bi se prešlo od jedne boje do druge uvek je potrebna uzvišena sublimacija *coitusa reservatusa*.

Oblaci koji okružuju čitavu sliku jesu perturbacije koje se mogu događati u radu, ako mi dopuštamo da se meša „zagušljivi dim" životinjskog bluda u seksualnom transcendentalnom radu para. Iz ovog razloga je Altus tvrdio: *„Alhemičar treba da izbegava da dopusti da bude nošen ovim pojavama, jer će to učiniti da kasni nebeska rosa – iz sublimnog isparavanja ens seminisa – i svoje-vremeno, poništiti ono što je bilo ranije transmutirano ili urađeno – zaglibljenje."*

Vide se još u drugom krugu životinje koje često alegorišu ova dva prvobitna elementa, odnosimo se na bika i ovna. Podsetimo se da je zodijački znak jarca znak zemlje, ovo nas navodi da mislimo na fiksni elemenat – Sumpor. Ovan nas povezuje sa zodijačkim znakom ovna čiji je elemenat vatra, vatra-Sumpor koja nas poziva da shvatimo vezu sa fiksnim elementom. Evo dakle ovde, one dve primarne prirode: Merkur i Sumpor.

U mudrom ujedinjenju dotičnih elemenata nalazi se ključ totalne regeneracije.

Takođe, u drugom krugu opažamo dve kućice, svaka od njih ima po jedno stablo. Ove kuće alegorišu „maleno boravište" neofita, odnosno, njegova unutrašnja tela koja se još uvek nalaze u lunarnim stanjima. Kasnije, kada bude radio na dotičnim telima pomoću regeneratorske seksualne vatre, ona će postati solarna. Tada će alhemičar da osvoji Kaštel Bića, odnosno, prebivalište Oca koji se nalazi u tajnosti; unutrašnja tela od čistog Zlata – astral, mental i kauzal – potpuno prečišćena.

4

PLANŠA 4

Na ovoj planši vidimo u pozadini nebesku rosu koja se spušta sa nebesa da bi bila upijena u alhemičara. Ova rosa je u tesnoj vezi sa pročišćavajućim banjama srednjovekovnih alhemičara.

Ova rosa ili božanska para nije ništa drugo nego proizvod alhemijske transmutacije naših seksualnih sekrecija. Iz ovog razloga rosa se pojavljuje između Sunca i Meseca. Ova dva nebeska tela (astrološke zvezde), već smo pre rekli, jesu reprezentacija makrokosmičke Alhemije koju realizuju ona dva prvobitna elementa: Sunce-Sumpor, Mesec-Merkur.

U okviru Mikrokosmosa čoveka, ova transmutacija se događa zahvaljujući dejstvu onih dvaju baznih elemenata koji su simbolizovani posredstvom Ovna i Bika. Ove dve životinje, astrološki simboli prolećnog dejstva, čine nas da mislimo da se alhemijski seksualni rad realizuje pomoću erotične vatre slične sili koju ima proleće, u svom uticaju na Prirodu.

Proizilazi interesantna činjenica da vidimo dve osobe koje su odevene kao seljaci. Reprezentacija je jasna, jer su mnogi alhemičari u Srednjem veku govorili o radu u Velikom Delu kao o „Nebeskoj poljoprivredi“.

Sa sigurnošću, da bi se postigla Intimna autorealizacija Bića treba da grubo obrađujemo našu filozofsku zemlju – naše fizičko telo. Iz ovog razloga, biblijski Deuteron nam kaže: *„Izmenite svoju prirodu i naći ćete ono što tražite".*

U nastavku, interesantno je da se vidi da za fabrikovanje naših osnovnih ezoteričkih unutrašnjih tela – astral, mental i kauzal – treba da intenzivno radimo u Sakramentu Ljubavi. Ova tela, koja poseduje svaki autentični Adept, konstituišu vehikle za manifestaciju duboko unutrašnjeg Bića.

Ovi vehikli (tela) jesu simbolizovani na ovoj planši pomoću poljoprivrednog zemljišta zaštićenog sa pet tepiha. Ovi tepisi predstavljaju, sami po sebi, simboličku strukturu sledećih tela: fizičkog, vitalnog, astralnog, mentalnog i kauzalnog.

Iz ovog razloga, vidimo ona dva seljaka kako zavrću jedan tepih da bi iscedili rosu koja se tamo upila. Ovo označava činjenicu da svako telo treba da bude zasićeno dotičnom rosom – transmutirani *ens seminis* u toku praktike seksualne magije.

Tlo, zemlja koju vidimo na planši jeste gola. Ovo je zbog toga jer se alhemijski rad dobro završava u ćutnji Mudraca, telo do tela, golo, između muškarca i žene.

Zahvaljujući posledici alhemijske toplote, dobro vođene erotičke vatre, dobijamo nebesku rosu, sublimnu paru koja nas nosi do visine Bića. Prema tome, važno je da ne gubimo nijednu kap ove nebeske rose. Alhemičar gubi svoju rosu i njene snažne soli onda kada čini gnusni zločin seminalne ejakulacije.

Ovo je razlog zbog čega seljaci vode brigu da sva rosa ostane u posudi – u stvaralačkim organima.

U pozadini vidimo toranj koji ima na vrhu veoma alegoričan krst. Krst je vrlo stari simbol koji predstavlja četiri osnovna elementa bez kojih je nemoguće da osvojimo Autorealizaciju. Istinski alhemičar je taj koji zna da kombinuje u svojoj laboratoriji, u svom fizičkom telu, elemente: zemlja, vazduh, vatra i voda.

Krst je znak martirijuma. On čini da mi razumemo da je put koji vodi ka Visokoj Inicijaciji prepun svesnih patnji i dobrovoljnih požrtvovanja. Onaj ko ne ume da pati, ko ne ume da se pomiri, ko ne ume da ćuti, taj još nije spreman za tajni *Magisterijum* vatre.

Na kraju, krst nas poziva da umremo na psihološkom planu, da svedemo na pepeo životinjski ego. Dobro je da objasnimo, tako kako to uvek Majstor Samael čini, da je radi drugog rađanja – bez opasnosti da se skreće sa puta – neophodno da umiremo tren za trenom, momenat za momentom.

Smrt ne može da se dogodi bez pomoći svastike u akciji, jer bez nje ne možemo dozivati Stelu Maris, Devicu Mora, našu unutrašnju ličnu Božansku Majku, kako bi ona uništila infrahumane elemente koji nas drže zatočene u ovom svetu iluzija.

Podsetimo se da je reč krst etimološki povezana sa creuzet, cruz, crisol itd.

Na kraju krajeva, ako opažamo broj zrakova odakle se pojavljuje nebeska rosa sa nebesa, vidićemo da ima 13 zrakova. Sa kabalističke tačke gledišta vidimo da je Arkanum 13. u vezi sa psihološkom smrću, sa izbacivanjem suvog merkura i arseničkog sumpora. Sada razumemo zašto onda kada kabalistički sabiramo 13 dobijamo 4, što pokazuje kombinaciju onih četiri elementa, upravo Iod He Vau He, da bismo se ujedinili sa Kraljem, Ocem našim, koji se nalazi u tajnosti, posredstvom nebeske rose.

„VERNOST PREMA OCU SE DOKAZUJE
SAMO POSREDSTVOM KRSTA.”

Samael Aun Weor

5

PLANŠA 5

Kada se osvrnemo na petu planšu, vidimo par alhemičara u punom radu, u svojoj seksualnoj laboratoriji. Oni nam ukazuju da je potrebna akumulacija nebeske rose –*ens seminisa* – i da se ona uvek uskladištava na prikladno mesto – da se ne fornicira.

Treba da se razume da posuda predstavlja seksualne organe. U nastavku, oni nam pokazuju da posredstvom vatre – erotičke alhemijske – dotična rosa počinje da vri – posredstvom metafizičke kopulacije i tako se seksualna energija isparava, atomizuje se i uzdiže se duž kičmeni stub, kroz kanale koje je priroda postavila u našoj okultnoj anatomiji.

Ali, uvek je potrebno da destilišemo, da filtriramo, odnosno da rafiniramo svoje sekrecije, a to nije moguće ako ne sublimiramo seksualni čin. Svakog momenta, alhemičari, muškarac i žena, treba da sa velikom pažnjom brinu o seksualnoj vatri. Korištena vatra treba da se čuva sa ciljem da se izbegne, zbog nekakve njene prevelike razbuktalosti ili prevelikog seksualnog nadražaja, gubitak seminalnog napitka – nebeske rose – posredstvom ejakulacije zajedno sa orgazmom.

Ovo nam pokazuju dotični alhemičari, onda kada ih vidimo kako povremeno otpušavaju posudu u kojoj kuvaju rosu. Ovo služi, simbolično rečeno, da se izbegne izlivanje vode zbog prevelikog pritiska u posudi.

Niže, vidimo alhemijski par kako ostvaruje druge simbolične radnje. Na primer, žena kašikom meša vodu i potom vadi jedan deo ove koagulisane vode i uskladištava je u jednu flašu. Sve ovo treba da razumemo. Mešanje vode, a zatim vađenje jednog njenog koagulisanog dela, podseća nas na alhemijsku izjavu: „*Solve et Coagula*", toliko često pominjanu od strane Henrija Kunrahta.

Stvarno, treba da istopimo stare metale i da koagulišemo Zlato u nama. Stari metali u ljudskoj osobi jesu njeni poroci, strasti i defekti koji treba da odumru, kako bi se u nama rodila svetlost, svest, pitko Zlato Duha.

Ali, treba da se podsetimo da je za otapanje starih metala personaliteta potrebno da tražimo pomoć od naše unutrašnje lične Majke – Marije, Ram, Io, Cibeli, Izis – u punom alhemijskom radu, upravo u seksualnom činu. Od nje treba da tražimo da uništi one nehumane elemente koje nosimo u svojoj unutrašnjosti.

Da bi se dotično pitko Zlato moglo učvrstiti u unutrašnjim telima inicijata, potrebno je – onako kako često kaže Majstor Samael – da okončamo sa suvim merkurom i arseničkim sumporom. Suvi merkur jesu ja-ovi ili psihički agregati koji zasićuju vode i naša unutrašnja tela određujući im tako jedan nečisti i neprijatan sastav.

Otrovni arsenički sumpor je životinjska seksualna vatra koja ne dopušta sublimaciju merkurske vode. Zbog njega, bluda Kundartiguatora, vode nastavljaju da budu crne, trule, nečiste, nedestilisane.

Otapanje, znači da naše seksualno seme – nebeska rosa – treba da bude savršeno prerađena, istopljena, u *Magisterijumu* laboratorije.

Koagulacija transmutiranog Merkura je moguća zahvaljujući Bogu Vulkanu – Gospodu Vatre – koji nas svojom igniskom prirodom poziva da radimo u *Magisterijumu*. Iz ovog razloga žena sa planše pokazuje Božanstvu Vulkanu jednu flašu sa koagulisanom rosom.

Ovo znači da se zahvaljujući vatri to može ostvariti. Vulkan se pojavljuje smešten na jedan kamen, a ovim treba da razumemo da je vatra tvorac Kosmosa.

Setimo se da onda kada krešemo dva kamena iz njih se pojavljuju iskre, vatra. Kamen je seks i zbog toga nam govore Sveta pisma o kamenu spoticanja i steni sablazni – za one koji ne poznaju tajnu Velikog Arkanuma. Takođe, Pisma nas podsećaju na kamen koji je temelj Hrama – za one koji znaju da ga prerađuju sve dok mu ne daju savršeni kockasti oblik.

Jevanđelja kažu: *„Svaki koji ide za mnom i sluša reči moje i izvršuje ih, kazaću vam kakav je: On je kao čovek koji gradi kuću, pa iskopa i udubi i udari temelj na kamenu – seksu; a kad dođoše vode, navali reka na onu kuću i ne može je pokrenuti, jer joj je temelj na kamenu".* I takođe kažu: *„A koji sluša i ne izvršuje on je kao čovek koji načini kuću – unutrašnju – na zemlji (pesku) bez temelja – na teorijama. Na koju navali reka i odmah je obori, i raspade se kuća ona strašno – jer ne beše sagrađena na kamenu".*

Takođe, opažamo na ovoj planši da Bog Vulkan ima u svojim rukama novorođenče, jedno dete. Ovo ima duplo značenje. Treba da prepoznamo u ovom detetu psihološke agregate koji treba da budu uništeni pomoću električne seksualne vatre. Takođe, kao neposredna posledica ove unutrašnje mistične smrti, prisustvovaćemo rađanju Zlatnog Deteta Alhemije – unutrašnjeg ličnog Hrista – koji se rađa u srcu svakog Solarnog Čoveka.

Dobro je da naznačimo da se Vulkan pojavljuje sa srebrnim mesecom u porastu. Ovo treba da se razume kao simbol merkurske vatre ili Sumporisanog Merkura. Merkurska vatra je proizvod ujedinjenja ona dva osnovna elementa Velikog Dela: Merkur-Mesec, Vulkan-Sumpor. Ova smeša uzima oblik zmije u okultnoj anatomiji inicijata. Hindusi su veoma jasni kada govore o njoj i nazvali su ovu serpentinsku vatru Kundalini.

Alhemičari Srednjeg veka su kazivali da etapa o kojoj se govori u ovoj planši, treba da traje 40 dana. Broj 40, ako se kabalistički razloži, daje nam 4 – 4 tela ili kola Mercabah. Ovo su vehikli koje koristi Biće u svojoj višedimenzionalnoj manifestaciji.

Veliki alhemičar, Ireneo Filaleteo, jednom je tvrdio sledeće: *„Treba da vodiš brigu o vatri, da njom rukovodiš zdravim umom – bez naglosti, bez životinjske strasti. Jer ti se kunem da ako u svom radu požuriš sa vatrom, moći ćeš da izgubiš sve što si ranije osvojio...“*

Reči ovog Adepta čine da vidimo da je veoma važno da učimo da se seksualno ujedinjujemo bez dima životinjske strasti.

6

PLANŠA 6

Na ovoj novoj planši ponovo nailazimo na par – simbolični – alhemičara koji nastavljaju započeti rad u prethodnoj gravuri. Interesantno je da se opaža da ovaj par takođe predstavlja Sumpor – muškarca i Merkur – ženu. Oni ponekad menjaju svoju odeću da bi nam prikazali da hemijski elementi sa kojima rade trpe konstantne promene.

Važno je da naznačimo da se ponovo pojavljuju četiri valjkaste posude iznad alhemijske peći. Već smo rekli da one četiri posude simbolišu četiri unutrašnja tela asketa. Ali, dodajmo da dotični cilindri, koji stoje dva pored žene i dva pored muškarca, predstavljaju takođe ona dva kanala ili provodnika – nadia – koji se nalaze sa obe strane kičmenog stuba svake osobe u normalnim fizičkim uslovima.

Ovi kanali poprimaju u Indiji sakralna imena Ida i Pingala. Ovo su ta dva Svedoka u Apokalipsi koji stoje pored Boga (Jehove). Dve Maslinke Hrama kroz koje protiče ulje kao zlato – transmutirana seminalna para koja se uzdiže posredstvom seksualne transcendentne Alhemije.

U Srednjem veku, alhemičari su kazivali da zahvaljujući ovim kanalima biva osiguran lagani i uravnoteženi pristup tajnog Agenta – Merkura – i sublimirane Soli.

Kod muškarca, ovi polu-fizički, polu-eterički kanali polaze iz ona dva testikula i pružaju se duž kičmeni stub. Kod žene, dotični kanali polaze iz jajnika. Ovi kanali se račvaju u brojne nervne kanale koji preplavljuju telo i prodiru u tajne komore koje se povezuju sa srcem. Srce je boravište Atoma Majstora koji nas spaja sa Intimnim.

Ako ponovo pogledamo prethodnu planšu, otkrivamo da se pored četiri kanala nalazi vatra. Ovo je seksualna erotička vatra koja obavija par, androgina stvorenog od muškarca i žene posredstvom sakralne kopulacije.

Na ovoj planši vidimo da rad realizuje novu sublimaciju – nakon mnogih seksualnih praktika – sve dok ne dobiju plod (rod) dotične sublimacije.

Ovaj plod je predstavljen posredstvom cveta sa šest latica, vrlo simboličnim. Ovaj cvet je proizvod transmutiranih prvobitnih voda. Sve je ovo veoma simbolično i interesantno. Na prethodnoj planši ženski elemenat – lunarni, merkurski – poverava koagulisanu rosu Vulkanu, koji je krunisan ili u pratnji srebrnastog meseca. Ovde vidimo da žena i mesec predstavljaju pasivni, negativni polaritet Alhemije i Prirode, drugim rečima, Merkur.

Naprotiv, na ovoj šestoj planši, plod jedne nove sublimaci-je, cvet sa šest latica ili seminalni biser koji počinje da se razvija u unutrašnjosti inicijata, jeste uručen od strane muškarca – aktivnog principa ili Filozofskog Sumpora, Bogu Suncu ili Heliosu – ponovo Filozofski Sumpor.

Sve ovo nas vodi na pomisao da se Kundalinina sakralna Vatra pojavila ili probudila u okultnoj i fizičkoj anatomiji oboje asketa sa planše. Veoma je važno da podvučemo da se sakralna vatra uzdiže od pršljena do pršljena, polako, u skladu sa zaslugama srca onih koji mudro praktikuju Veliki Arkanum.

Cvet sa šest latica je početak velikog ostvarenja, jer pokazuje Šesti Arkanum Hermesovog Tarota: Zaljubljenika, tog koji je odabrao između vrline i greha i, na očigledan način, odabrao je viši put.

Šesti Arkanum je upravo Solomonova zvezda koja ilustruje ujedinjenje ona dva trougla, ukazujući da je na kraju Sumpor oplodio Merkur. Šest vrhova Solomonove zvezde jesu muški, šest udubljenja jesu ženska. Evo, ovde su predstavljene te dve prirode.

Bog Sunce, odeven kao rimski ratnik, sa svojim simboličkim štitom, podseća nas na rat koji treba da konstantno vodimo protiv infrahumanih psiholoških agregata koji se suprotstavljaju razvijanju svetlosti u nama. Štit nam pokazuje da je solarna sila – Kundalini, pogotovo, zaštitnica.

Bog Sunce nosi luk koji kada se zateže stvara mistični trougao koji nas podseća na tri prvobitne sile Prirode i Kosmosa: Svetu Afirmaciaju, Svetu Negaciju i Svetu Koncilijaciju (Izmirenje). Sakralni Triamazikamno ulazi u dejstvo svaki put kada upotrebljavamo seksualni transcendentni elektricitet.

Nalazimo se u etapi u kojoj je alhemičar pretvorio vode u žute vode. Kada vode stižu do ovog stadijuma kaže se, simboličnim jezikom, da se radi pod vođstvom Marsa. Mars je simbolizovan, među alhemijskim bojama, narandžastom i takođe, žutom.

Na kraju, vidimo kako se alhemijski par priprema za novu sublimaciju Alkaest-a ili Univerzalnog rastvarača – stvaralačka energija prvog trenutka, seksualna energija.

7

PLANŠA 7

Ova planša nam ponovo prikazuje alhemijski par. Ovom prilikom obavljaju novi alhemijski seksualni rad. Muškarac meša svoj eliksir, sadržan u svojoj posudi – u svojim seksualnim organima – sa eliksirom žene sadržanim takođe u drugoj simboličkoj posudi. Ovo je misterija 14. Arkanuma Tarota, Uravnoteženost.

U prastarim vremenima se kazivalo da je neophodno da se meša zlatni eliksir sa srebrnim da bi se fabrikovao seksualni kamen. Zlatni eliksir je Merkur ili *ens seminis* muškarca, srebrni eliksir je stvaralačka energija žene. Anđeo ili Androgin koji inteligentno meša ove dve supstance, jeste treća sila božanska i anđeoska, ta koja se manifestuje u toku seksualnog transa muškarca i žene bez da se gubi seminalna tečnost.

Sve se to vidi u kvadratu na levoj strani gore, na početku ove gravure. Isto tako, vidimo rad koji se obavlja na kraju stola u obliku kvadrata. Ovo otkriva prisustvo ona četiri elementa, vatra-vazduh-zemlja-voda, sa kojima se intenzivno radi u seksualnoj magiji.

Takođe, pokazuje nam se da proizvod ovih transformacija i destilacija – ili sublimacije stvaralačke energije – treba da se upije u ona četiri grešna tela studenta: fizičko, vitalno, astralno, mentalno.

Na isti način treba da ukažemo da posuda koja prima ta dva kombinovana eliksira ima valjkasti oblik, ukazujući na večiti ženski Joni (*Yoni*). Solarni egipatski diskus Ra, sa tačkom u centru, predstavlja muški Lingam zahvaćen ženskim Jonijem. Ovo je hijeroglif koji nam pokazuje kako da fabrikujemo vatru.

Ako studiramo solarni simbol, krug sa tačkom na sredini, stižemo do dejstva 10. Arkanuma Tarota: ujedinjenje 1 sa 0, muškarca i žene.

U prvom okviru vidimo da u smeši koja je stavljena na tacnu, plove malene kondenzacije – ukupno četiri, koje nisu ništa drugo nego volatilizacije seksualne energije koje ispunjavaju svetlošću i snagom ona četiri tela asketa, kao što smo ranije pokazali.

U drugom okviru vidi se da par, nakon što su već ujedinili seksualne eliksire, dobija jednu heterogenu hemijsku kompoziciju, savršeno ujedinjenje one dve već pomenute prirode.

U trećem okviru ponovo nalazimo par u punom alhemijskom radu. Oni još jednom rade nad kružnom posudom – ženski Joni, koristeći ponovo jaku vatru, ali kontrolisanu, da bi isparivali stvaralačko seme slično svetlosnom kupanju.

Kao što se može primetiti, važno je da stalno pečemo, da pečemo i opet pečemo, bez odmora, sve dok ne budemo fabrikovali tela ili vehikle Bića. Takođe, u ovom radu pečenja, treba da paralelno disolviramo neprijatelja Večnome (psihološka smrt), nepoželjne psihološke agregate, sa ciljem da se koaguliše u nama alhemijsko zlato, svest, snaga Bića koja će se manifestovati posredstvom unutrašnjih tela.

Ako alhemičar dejstvuje tako da svaki put sve više sublimira Majtunu, tada će dobiti toliko famoznu „harmoničnu so", hrističku energiju ili *sapientia universalis* – stanje budne svesti u svakom telu. To je prikazano u četvrtom kvadratu. Zbog toga, par dobija u providnoj posudi proizvod ovog novog rada, koji je simbolizovan sa četiri zvezdice koje predstavljaju transmutaciju Merkura, a ovaj se kristališe u harmoničnu so – Mudrost.

U donjem delu ponovo kontempliramo rad na uništenju životinjskog ega, što je najznačajnija stvar u ljubavnom transu, koji je simbolizovan pomoću Saturna, Gospodara psihološke smrti, koji na slici ždere dete. Setimo se hrišćanskog INRI: *In Necis Renascere Integer*, vaskrsnimo u smrti neprikosnoveni i čisti. Samo putem mistične smrti osvajamo novu psihičku prirodu u našoj unutrašnjosti.

Ovo dete je, takođe, Dete Alhemije, koje je najprikladnije alegorisano i nije ništa drugo nego Vatra filozofa ili božanski Dah, Kundalini. Fundamentalno je potrebno da rafiniramo seksualni čin i da umiremo na psihološkom nivou kako bismo mogli da osvojimo ovu božansku vatru. Smrt – Saturn – je sestra svetlosti, sakralni Dah ili serpentinska vatra koja se budi i uzdiže kroz kičmeni stub asketa, razvijajući moć i vrline srazmerno sa njenim napredovanjem od pršljena do pršljena.

Uzastopna rafiniranja prečišćavaju svaki put više stvaralačku energiju praktikanta Alhemije, a ovo je simbolizovano od strane Saturna – gutača. Seme ili *ens seminis* treba da pretrpi nova kupanja ili purifikacije. Ovo može da se vidi na centralnoj slici u donjem delu ove gravure.

Dakako, ukažimo da serpentinska vatra – ćerka neba i zemlje, Sumpora i Merkura – uništava sve neverne koji pokušavaju da korumpiraju živi Hram Gospoda, našu fizičku i psihičku prirodu. Obezglavljenje nevernih ili nevinih – ja-ova svađalica, galamdžija, dopušta rađanje Intimnog Hrista u staji inicijata, u unutrašnjim telima alhemičara.

U ovom masakru – psihološkom – ili krvoproliću učestvuju, po srednjovekovnim alhemičarima, Sunce-Sumpor i Mesec-Merkur. Vatra Sumpora koja oplođuje Merkur, ostvaruje u nama čuda.

Mač kojim rukuje Saturn, na poslednjoj slici, simbolizuje Vatru Rusalije, Kundalinin fohat u potpunosti razvijen i potpuno spreman da stupi u dejstvo kako bi obezglavio životinjsko JA u nama.

Na ovoj poslednjoj slici shvatamo da su vode alhemičara pretrpele snažna rafiniranja i dozvoljavaju pojavljivanje Dijane krunisane mesecom. Ona nam dopušta da predvidimo prisustvo bele boje ove prečiste Boginje Dijane iz grčke mitologije, iz drugog svedočanstva Alhemije.

Ovo je bilo moguće zahvaljujući uzastopnoj volatilizaciji koju je uradio alhemičar. Zbog toga flaša koju drži prečista Dijana u njenoj desnoj ruci, gde se vide seminalne kristalizacije, dodiruje mač Saturna. Balčak mača, u obliku ptice, poziva nas da nastavimo da sublimiramo i da isparavamo prvobitnu energiju ili Merkur Mudraca.

Setimo se da u svakom alhemijskom radu treba da maksimalno rafiniramo, da sublimiramo ili isparavamo svoje seme, sve dok ne stigne trenutak u kom ćemo da vidimo kako se pojavljuje crvena boja, ili maksimalna kristalizacija filozofskog Merkura u nama.

8

PLANŠA 8

Na ovoj svetlosnoj gravuri razumemo akcenat kog stavljaju srednjovekovni alhemičari na potrebu da se uvek isparavaju merkurske vode sa ciljem da se rafiniraju svaki put sve više.

Majstor Samael je uvek tvrdio da se transmutacija seksualnih energija realizuje u skladu sa Zakonom muzičkih oktava. Svaki put kada ostvarujemo alhemijsku praktiku, seksualnu, stvaralačka energija poprima električni šok, zahvaljujući sladostrasnosti proizvedenoj sjedinjavanjem dvaju polova: pozitivnog i negativnog, lingam – joni, bez semenske seksualne ejakulacije.

Prva etapa seksualnog rada uvodi muzičku oktavu transmutacije energije Trećeg Logosa, stižući da se kristališu hristički atomi koji oživljavaju fizičko telo. Druga etapa dopušta da se ista energija kristališe u protone koji zasićuju vitalno telo asketa. Kasniji seksualni rad kristališe seme u elektronima koji čine da sija astralno telo. Kasnije, uzastopna rafiniranja ovog simboličkog Merkura, čine da se kristališu u mentalnom solarnom telu. Isto tako, na jednoj višoj oktavi, kristališe se kauzalno telo ili telo svesne volje.

Dva anđela drže Jaje Alhemije, seks, u čijoj je unutrašnjosti nošeno majstorstvo kandidata. Ova dva anđela su simbol onih dvaju hemijskih elemenata: Sumpora i Merkura.

U unutrašnjosti jajeta nalazimo u klečećem stavu Boga Merkura, *ens seminis*, koji nosi krilatu kacigu ili simbol isparljivog elementa. Krila predstavljaju isparavanje Merkura posredstvom tantričkog spajanja (koneksije) bez gubljenja seminalne tečnosti.

Ovo božanstvo ili prvobitni elemenat, drži palicu Mudrosti, palicu Patrijarha koja nije ništa drugo nego kičmeni stub. Za ovu palicu je uhvaćeno deset zmija, koje nas podsećaju na Deset Sefirota hebrejske Kabale, Stabla života koje naše Biće treba da upije da bi se autorelizovalo.

Takođe, ovo živo Božanstvo se oslanja na Sunce i na Mesec. Oba elementa, fiksni Sumpor i isparljivi Merkur, treba da se ujedine da bi nas vodili prema velikoj realizaciji Bića. Ovo je moguće samo ulaskom kroz uska vrata, tesna i teška, supraseksualnosti ili belog tantrizma.

Oko ovog alegoričnog seksualnog jajeta nalaze se neke ptice koje lete, simbol sublimiranja rada, ljubavnog čina, kako bi mogli pretvoriti vode iz crnih u bele.

Broj ptica koje se nalaze ispod svakog anđela je isti. Ovo nam pokazuje činjenicu da isparena smeša Sumpora i Merkura treba da bude savršena i u skladu sa Zakonom težina i univerzalnih mera. Merom kojom umiremo u nama samima, rad seksualne laboratorije biće svaki put sve bliži ravnoteži Prirode. Zbog toga vidimo latinsku rečenicu koja kaže: *„Alhemijska umetnost oponaša Prirodu“*.

One dve ptice pored jajeta, od kojih svaka nosi jednu maslinovu grančicu, simbolizuju tako aktivnost transmutacije koja se ostvaruje u kanalima Ida i Pingala. Krajevi maslinovih grančica predstavljaju simbole Sumpora i Merkura. Merkur je bio ponekad nazvan „harmonični amonijak“, zbog svog isparljivog karaktera, a Sumpor je bio nazvan „krečnjački otpadak“, zbog svog fiksnog karaktera.

U donjem kvadratu nailazimo na alhemijski par u klečećem stavu koji se moli ispred Peći. Opažamo da ovde filozofsko jaje u peći nije u pratnji nikakve vatre. To nam pokazuje činjenicu da pri radu seksualne laboratorije treba da uzimamo pauze, kako bi se transmutacije kristalizovale u našoj okultnoj anatomiji.

Majstor Samael je često govorio o „magnetskoj seksualnoj pauzi". Govorio je takođe o odmoru ili o seksualnim pauzama koje postoje između alhemijskih radova.

U ovom momentu, alhemičar treba da uči da sluša i da razume alogoričan jezik na kome će mu Majstori Belog bratstva govoriti u unutrašnjim svetovima.

Za vreme ovih pauzi, asket ima da duboko reflektuje o svojim bestijalnim agregatima, kako bi ih razumeo i preklinjao Božansku Majku za njihovu smrt, u sledećim tantričnim seksualnim radovima.

Filozofsko jaje predstavlja seksualni život i peć, a u dubljoj simbologiji, pokazuje nam muške i ženske seksualne organe ujedinjene za vreme seksualne magije. Sada razumemo zašto se u Alhemiji kaže da se Veliko Delo realizuje u unutrašnjosti filozofskog jajeta i zahvaljujući moći peći ili *atanora*.

Na ovoj gravuri opažamo u pozadini zavesu sa tri čvora. Ovo su tri čvora koja treba da odreši sakralna vatra u svom uzdizanju od pršljena do pršljena. Ovo su ona tri misteriozna čvora koja inicijat treba da uništi da bi dotakao oslobođenje.

Prvi čvor koji se odvezuje jeste čvor seksa i ovo se događa kada kandidat uspeva da zauvek izbegava gubitak svoje seksualne energije, čak i nehotične noćne polucije. Kasnije, Kundalini odvezuje drugi atomski čvor koji je u vezi sa srcem i onda se odvajamo od svake privrženosti bludu ili od svakog štetnog sentimentalizma. Ova vezivanja ili štetni sentimentalizmi konstituišu prepreku za oslobađanje kandidata aspiranta prema svetlosti.

Jednom određenom prilikom Majstor Samael je tvrdio: *„Onaj koji zaista želi da se oslobodi treba da pređe onostrano privrženostima koje ga vezuju za zemaljski svet, uključujući i one koje ga vezuju za najvoljenija bića; i ovo zaista nije lako".*

Treći čvor zavese je u vezi sa poslednjim atomskim čvorom kog treba da dezintegriše Rusalijska vatra ili Kundalini. Ovaj čvor je u vezi sa čvorom studentovog intelektualizma. Kada on nestane, kandidat ostaje ispražnjen od zemaljske spoznaje i početnih teorija, i biva natopljen prosvetljenim intelektom ili božanskom mudrošću.

Ukratko, sa prvim čvorom učimo da budemo neporočni (seksualno), sa drugim učimo da svesno volimo, a kada uništavamo treći, učimo da se hranimo božanskom supstancom Mudrosti.

Da bismo završili sa ovom planšom, dodajmo da je par uokviren parom običnih masonskih kolona (stubova): Sumpor i Merkur, muškarac i žena, fiksni i isparljivi, muško i žensko, aktivno i pasivno itd.

Par, u poređenju sa planšom 2, je podmlađen, što je kao neposredna posledica ostvarenog seksualnog rada. Ovo nas podseća na Studenac večite mladosti, čije vode nisu ništa drugo nego čiste vode života. Mudar rad sa njima, u Devetoj sferi, Sferi seksa, pridaje nam Eliksir Dugog života.

Opažamo da atanor ima, u centru i dole, mala vrata. Setimo se reči Velikog Kabira Isusa u Mateji 7: 13, 14: *„Uđite na uska vrata; jer su široka vrata i širok put što vode u propast, i mnogo ih ima koji njim idu. Kao što su uska vrata i tesan put što vode u život, i malo ih je koji ga nalaze."* Ova vrata jesu seks.

Pored toga što peć ima na gornjem delu tri dimnjaka – Ida, Pingala i Sušumna, opažamo da ima trouglasti oblik. Ovo nas podseća na Tri prvobitne sile Prirode i Kosmosa, na Zakon Svetog i večitog Triamazikamno.

Zaključujemo ovde ovaj komentar sa sećanjem na reči Svetog Avgustina: *„Treba da učinimo od koitusa drugi oblik molitve"*.

Vrlo dobro se zna da ono što se nalazi u gornjem delu ove gravure, ostvareno je upravo u broju osam, a to je u skladu sa Zakonom oktava.

9

PLANŠA 9

Opažamo na ovoj planši da se alhemijski rad ponavlja. Vidimo šest punih posuda sa prvobitnom tečnošću ili univerzalnim rastvaračem – Seksualni Merkur. Druge posude ili tanjiri predstavljaju šest unutrašnjih tela koja sada poprimaju nebesku rosu transmutacije, posredstvom *coitus reservatus*-a.

Tela na koja se odnosimo sada jesu ona ranije pominjana, plus budičko i tako imamo: fizičko, vitalno, astralno, mentalno, kauzalno i budičko. Ovo je nebeska i okultna anatomija svakog Adepta iz Velike Bele lože.

Na svakoj strani tanjira, zdesna i sleva, još jednom vidimo enigmatične životinje koje su alhemičari upotrebljavali da bi ukazali na ona dva prvobitna elementa Velikog Dela.

Alhemičari Srednjeg veka su udruživali ovna – Zodiju ovna, sa univerzalnom vatrom Jupitera ili egipatskog Amon Ra. Na ovaj način, imajući u vidu rogove u obliku meseca u porastu, konstelacija Bika ili Taurusa je bila u asocijaciji sa Boginjom Mesec – merkurskom vodom, sa prečistom Dijanom, sa Sakralnom kravom IO koju je uzjašio Jupiter – po mitološkim legendama.

Interesantno je da se opazi da dotična sazvežđa imaju svoj uticaj u toku meseca marta, aprila i maja, tačno za vreme prolećnog ciklusa.

Univerzalni božanski magnetizam, ovako kako vidimo na planši, silazi u obliku zrakova na one koji prerađuju svoju filozofsku zemlju – fizičko telo, uz pomoć Sahaje Majtune.

Na zemlji vidimo dva kaštela, jedan desno i drugi levo. Kaštel je prebivalište Bića, Intimnog. U ovom slučaju su dva, jer je reč o unutrašnjem Biću muškarca i žene.

Između dva kaštela se pojavljuje hrišćanska crkva koja ima toranj sa krstom na vrhu. I zaista, ponovni susret sa našim božanskim unutrašnjim Bićem, ostvaruje se posredstvom hrišćanske ljubavi, dobro shvaćene.

Govoreći fonetskom Kabalom, to je Sakrament crkve Rima (ROMA), Sveta tajna AMOR-a, u seksualnoj Alhemiji. Ova Sveta tajna nam dopušta da se autorealizujemo pomoću inteligentnog rukovanja krstom. Ovo je presek membrum virilis sa genitalia murellis, bez da se prosipaju čiste vode života.

Neophodno je da prikažemo da se nebeska sila manifestuje posredstvom osam zrakova. Setimo se Venere, zvezde Ljubavi, zvezde Danice, ona uvek ima osam zrakova u kabalističkim i astrološkim temama. Posredstvom sile ljubavi privlačiće se suprotnosti u paru Hermetičke filozofije. Muškarac i žena, simbolizovani su od strane ovna i bika, privlače se na ovoj planši podstreknuti ličnim seksualnim instinktom koji je stimulisan od strane nebeskog ljubavnog fluida.

Osnova Gnostičke doktrine je sakrament Ljubavi. *„Ljubav nas pretvara u Božanstva blistave Mudrosti"*, govorio je Venerabilni Majstor Samael Aun Weor. Volimo, volimo, kako je lepo kada volimo! Tako se ljudsko obogotvoruje i božansko humanizuje.

Ljubav, seksualna magija, nam dopušta da se hranimo manom pustinje koja nije ništa drugo nego spermatičko seme, transmutirano pomoću Sahaje Majtune. Ovo je simbolički elemenat kojim su se hranili svi Patrijarsi antikviteta, u ezoteričkoj ili inicijatičkoj pustinji.

U gornjem delu vidimo još alhemijski par kako uskladištava dotičnu nebesku rosu u balon Alhemije.

Ova alegorija nam ukazuje na potrebu da se uvek konzervišu (čuvaju) vode u stvaralačkim organima i da se ne dozvoli da ispadne nijedna kap.

U drugom kvadratu dole, žena poverava ovu specijalnu rosu Bogu Merkuru. Dotični Bog, nag, posećuje je da bi primio žrtvu od žene koja simboliše Ljubav. Evo dakle ovde izuzetne smeše: Ljubav i Mudrost.

Bog Merkur, nag, poziva ljudsko biće da radi sa svojom prvobitnom seksualnom prirodom, ako stvarno želimo da unutar nas ostvarimo 10. Arkanum Tarota, Veliko Delo. Ovo 10 je prikazano pomoću onih 10 zmija koje su ulančane kao vatreni jezici na štapu Boga Merkura. To su 10 Sefirota Kabale. Dotični štap je kičmeni stub.

Na kraju, reći ćemo da Sunce i Mesec koji se pojavljuju na gornjem delu, predstavljaju one dve izmirene prirode posredstvom Nauke Alhemije: muškarca i ženu, Sumpor i Merkur.

Oblaci predstavljaju misteriju Hermetičke nauke.

10

PLANŠA 10

Na ovoj planši još jednom opažamo alhemijski par kako radi u *Magisterijumu* vatre; tamo, kako možemo da vidimo, na žrtvenom stolu – bračnoj postelji, pojavljuju se dve posude ili tasa neke vage, i svaki ima tačne mere Soli, Sumpora i sakralnog Merkura.

Na desnom tasu se pojavljuje žuti cvet koji simboliše žutu boju vode. Ove žute vode jesu seksualne vode Adepta, onda kada je primio Filozofsku Vatru ili hindusku Kundalini.

Na ovom nivou, student je podvrgnut znamenitim Alhemijskim Merama ili Težinama Alhemije. To je svrha vage i tasova koje vidimo na planši.

Tas koji nam pokazuje alhemijski hijeroglif „harmonične soli" poziva nas da reflektujemo na maksimalnu hrističku sublimaciju stvaralačke energije. Cvet na onom drugom tasu, kao što smo rekli, pokazuje nam tajnog agenta ili sakralnu vatru, koja omogućava dotične sublimacije.

Srednjovekovni alhemičari su nastojavali na potrebnoj ravnoteži koja treba da postoji kada se mešaju prvobitni elementi Velikog Dela. To nam pokazuje da treba da radimo u seksualnom koitusu najmanje jedan sat, po mogućnosti, ali je paralelno potrebno da ostvarujemo ovaj rad sa mnogo sublimacija.

Voda treba da se stalno sublimira, a ova veština je moguća ako vagu održavamo stalno u ravnoteži.

U gornjem kvadratu ponovo nalazimo jedan veoma interesantan aspekat, a to je da žena drži u svojim rukama dva tasa da bi točila tajne tečnosti iz njih dvaju u određenom srazmeru. Ovo znači da je žena ta koja igra pretežnu ulogu u Alhemijskom radu. Bez kooperacije supruge sveštenice nemoguće je da se realizuje alhemijski rad pozitivnog karaktera. Žena je ta koja čuva vatru i ona treba da je dâ alhemičaru u dobro doziranom obliku. Jedna potpuno degenerisana žena ne bi mogla očuvati adekvatno ponašanje u toku laboratorijskog rada.

Vaga, prema tome, predstavlja Zakon. I, zaista, Vatra se u nama budi kada budemo u svom svakodnevnom životu otelotvorili onih Osam vrlina za Kundalini, odnosno: da postoji ljubav, da postoji mir, razumevanje, volja, pravilan način mišljenja, pravilan način osećanja, pravilan način zarade u životu, vernost (prema supružniku, guruu i doktrini). Kada par razume potrebu da radi po ovim ezoteričkim pravilima, onda se osnovni elementi Dela proporcionalno i uravnoteženo mešaju. Ovo vidimo u drugom gornjem kvadratu na Planši.

Potrebno je da se održavaju pojedini alhemijski elementi i zato, nailazimo alhemičara, u trećem okviru, kako polako duva da bi održavao adekvatnu vatru. Ovo znači da treba da se ujedinjujemo, ujedinjujemo i ponovo ujedinjujemo, konstantno, Sumpor i Merkur, posredstvom seksualnog tantrizma za čije vreme stupaju u dejstvo dah i kontrolisano disanje.

Kombinacije erotičke vatre i seksualnog semena treba da budu tačne. Ovo znači da ne treba da opterećujemo telo da radi u Alhemiji više puta u istom danu. Alhemija koju nam je Majstor Samael ostavio određuje da možemo da radimo jednom dnevno. Tako, dopuštamo paru mogućnost da proizvodi više energije kako bi je sledeći put transmutirao. Jedan Majstor nam je jednom rekao da energija treba da „uzre", odnosno, da se pripremi da bude transmutirana, nakon najmanje dvadeset i četiri časa.

Primećujemo da se vatra, predstavljena u trećem okviru, nalazi u istoj količini, kako pored muškarca, tako i pored žene. Obe vatre su povezane pomoću tajnih kanala ili provodnika. Dotična vatra, u celini, poseduje karakteristike koje je predstavljaju kao ljupku i mirnu.

Opažamo da postoje ukupno tri kanala ili provodnika vatre. Ovi kanali su ganglijski kanali koji se protežu duž kičmeni stub: Ida, Pingala i Sušumna.

Kada sve ovo bude shvaćeno, alhemijski par, posedujući već žute vode, nastavlja rad u atanoru – seksualnom, nastavlja gestaciju Unutrašnjeg majstorstva u Folozofskom jajetu – seksualnom. Ovo se može videti u četvrtom okviru.

Kada stiže do ovog nivoa, asket alhemičar je spreman za pretvaranje svojih unutrašnjih tela: astral, mental i kauzal – To Soma Heliakon, Zlatna tela koja koristi Biće. Da bi ovo postigao, alhemičar, odeven u svoja unutrašnja tela, treba da pristupi lovu, prečiste boginje Dijane, kao što se može videti u donjem delu planše.

Adept je ukrašen kao ratnik. Njegov ratni oklop predstavlja unutrašnja tela fabrikovana pomoću solarne božanske Vatre, ili Kundalinine Vatre, koja sija na njegovoj glavi.

Vidimo da levi rukav košulje alhemičara ima oblik lavlje glave. Govori nam o elementu Vatra koja u potpunosti dejstvuje na prirodu Adepta.

Alhemičar drži desnom rukom prečistu Dijanu. Ova mitološka Boginja predstavlja čistotu (neporočnost) i blista unutar studenta kada već ovaj prima svetu Vatru. Zbog toga ga vidimo zajedno sa Boginjom.

Dijana je oduvek bila predstavljena sa lukom i u posedu bezbroj strela ili koplja. Luk i strele jesu dva elementa Alhemije. Luk predstavlja fiksni Sumpor, a strele čine aluziju na sveti isparljivi Merkur.

Zategnuti luk, kao što smo već objasnili, jeste dejstvo onih triju sila ili Triamazikamno koji treba da se kristališe u nama. Strele su izvrstan falički simbol. One su simbol muškog lingama i upadaju u krug ili ženski joni.

Bela boja, u koncentričnim krugovima je ta koja prima koplja ili alhemijske strele. Krugovi imaju razne boje i njihov redosled, od spoljašnjosti prema unutrašnjosti, jeste: crna, bela, žuta i crvena. Evo ovde Četiri boje Alhemije, crvena je najuzvišenija, najznačajnija, pošto ona predstavlja Filozofski kamen ili *Lapis Philosophorum*. To je Crveni rubin, taj koji se nalazi na čelu mrtvog Kralja, hristifikovanog.

Da bi tela alhemičara sjajila kao čisto Zlato, mi treba da filozofskim kopljima transmutacije uništimo nehumane elemente koji konstituišu bestijalnost ega, kog svi nosimo u unutrašnjosti.

Da bismo ovo postigli treba da izbegavamo smešu otrovnog sumpora ili bestijalne vatre. Treba da radimo sa svetlim plamenom seksa, bez bolešljivog (morbidnog) dima.

Broj 10, 10. Arkanum Hermesovog Tarota nam govori o unutrašnjem božanskom Kralju. I zaista, alhemičar prodire u kraljevstvo velikih realizacija kada njegove vode budu dobile žutu boju i kada je već naučio da kontroliše božansku Vatru. Tantričko objašnjenje broja 10 bilo je već izraženo. Podvlačimo da krug sa tačkom u sredini, broj 10 u dejstvu sa silom Sunca, jeste hijeroglif koji nam pokazuje kako da stvorimo božansku Vatru.

Sakralna Vatra ljupko i neprestano blista u Atanoru, ukazujući na to da rad ovde ne prestaje, već i dalje nastavlja. Ovo je u donjem okviru.

11

PLANŠA 11

Na ovoj planši opažemo da nam Visoki alhemičar pokazuje još jednu etapu rada u *Magnus Opus*-u. Ovde ponovo vidimo Filozofsko jaje koje sadržava Boga Merkura sa svojim kaduceusom sa deset zmija. Merkur, tajni agent, ima kacigu nalikom na sovu, to je ona koja putuje u dubokoj noći. Reč je dakle o stanju pripravnosti (opreznosti) sa kojim treba da uvek radi inicijat koji je stigao do ovih ezoteričkih visina.

Oni koji su već pretvorili svoje alhemijske vode u žute vode, nikada ne treba da se ponovo vrate bestijalnom seksualnom stadijumu.

Ptice koje lete oko jajeta potvrđuju naše mišljenje koje se odnosi na potrebu da se svaki put sve više sublimira radna umetnost seksualne transmutacije bez ejakulacije *ens seminisa*.

Ova planša nam govori o momentu u kom zračeće Sunce Jupitera – naše Biće – sjaji svom svojom blistavošću nad merkurskim vodama koje su sadržane u filozofskom jajetu i koje su brižljivo rafinirane.

Sunce na koga gazi bog Merkur ima sada deset zrakova, ukazujući da je Filozofska Vatra, Kundalini, povećala svoju snagu i ispunila jedan ciklus aktivnosti. Srednjovekovni alhemičari su kazivali da bi onaj, ko uspeva da ostvari prikazani rad na ovoj jedanaestoj planši, mogao da sretne neprikosnovenu Beatriče, iz Božanstvene komedije Dantea Aligijerija.

Da bi se sve to postiglo, neophodno je da izbegnemo da oksid nastavlja da bude u okultnoj anatomiji asketa. Korozivni oksid je životinjski ego sa svim svojim manifestacijama i on je taj koji ne dopušta da se alhemijsko Zlato pričvrsti u telima.

Za to je potrebno – govorio je Majstor Samael - da uništimo suvi merkur ili životinjski ego i otrovni sumpor ili blud, kako se ne bi ponovo vratio u nekadašnje prvobitno životinjsko stanje – seksualni pad.

Onih deset zmija, ponavljamo, pojavljuju se ovde kao aluzija na deset Sefirota koji treba da se integrišu u ultrafizičkoj anatomiji alhemičara. Dobro je da se studira Tarot i Kabala V.M. Samaela Aun Weora.

Ako se vratimo na izučavanje ptica, opažamo da one, one dve ptice pored jajeta, simbolišući sublimaciju, još jednom nose u svojim kljunovima simbole Sumpora i sublimisane Soli.

Ptica s leve strane nosi simbol Sumpora, a ovaj znak visi o astrološkom hijeroglifu koji simbolizuje sazvežđe Vage. Ovo nam pokazuje da praktikant Alhemije treba da konstano bude budan da bi pregovarao sopstveno oslobođenje. Ovo je veoma značajno, jer je Alhemija magični ključ za oslobađanje i potrebno je da je iskoristimo da bismo preklinjali Veliki Zakon, upravo za vreme seksualne magije, da nam dopusti da sublimiramo i da više razvijamo Sakralnu Vatru. Ovo je veza između sublimacije i zasluge. Neophodno je da osvojimo zasluge pred Zakonom da bi do nas stigla jedna nova sublimacija.

Univerzalno dobročinstvo i razumevanje naših bližnjih, otvaraju vrata Kosmičkog Tribunala.

U donjem delu opažamo da se pojavljuju još dva prozora na zadnjem zidu. Ove četiri praznine ili prozora simbolizuju četiri fundamentalna ostvarenja: fabrikovano je već fizičko, astralno, mentalno i kauzalno telo. Ovo je filozofski kvaternar koji treba da se ujedini sa prvim Trimurti: Atmanom, Intimnim; Budi (Buddhi), duhovna Duša i Manas, ljudska Duša. Takođe, ove četiri praznine alegorišu dva ganglijska otvora muškarca i dva žene. Podsetimo se da se dotični otvori nalaze sa obe strane kičmenog stuba i da su oni polu-fizički, polu-eterički.

U nastavku, u alhemijskoj peći – stvaralačkim organima - još jednom blista sveta Vatra, ukazujući na činjenicu da se rad nastavlja, da nije završen. Opažajmo da je zavesa sa tri čvora, predstavljenja na osmoj planši, nestala. Ovo označava činjenicu da je Kundalini ili Sveta Vatra odrešila ona tri tajanstvena čvora: seksualnosti, privrženosti i intelekta; tako je inicijat uspostavio apsolutnu kontrolu nad seksom, sentimentalnim životom i pameću.

Završićemo ovu interpretaciju ukazujući na vatru koja sija u alhemijskoj peći. Ova je vatra, ako je pažljivo posmatramo, ljupka, smirena i kontrolisana, svojstvena je inicijatima koji su uništili životinjski ego.

Par se ponovo moli da bi započeo sledeću etapu seksualne trans-mutacije u amfiteatru Kosmičke nauke svih blistavosti. Treba da istaknemo da su se likovi svakoga od njih, u poređenju sa planšama dva i osam, menjali kao oblik i izražaj, pokazujući doživljene psihološke izmene.

Na kraju krajeva, ako uporedimo položaj ruku žene na planšama dva, osam i jedanaest, vidimo da uvek drži desnu ruku uvis. Ovo nam pokazuje činjenicu da posredstvom Večitog Kosmičkog ženskog, svetlosne sile Svevišnjeg ustanovljuju nadmoć nad nižim mračnim silama. Ako idemo dublje, možemo reći da zahvaljujući našoj ličnoj Božanskoj Majci mogu da budu izbačene tmine i tako možemo da učestvujemo u svetlosnom kraljevstvu Kosmičke Svesti.

12

PLANŠA 12

Na ovoj planši ponovo se pojavljuje šest simboličnih tanjira – šest akumulatora rose ili unutrašnja tela; svaki od njih sadrži alegoričnu tečnost veće koncentracije. Ovo je posledica neprestane transmutacije koja je učinila da se kristališu seminalni atomi u suptilnoj prirodi alhemičara.

Uzastopne sublimacije Merkura učinile su da se božansko humanizuje i ljudsko divinizuje (obogotvoruje). Ova sublimacija je pomenuta u svim Sakralnim knjigama. Biblijska Geneza govori o odvajanju voda. Ove sublimirane vode jesu seksualne vode.

Pravila sublimacije su veoma stroga u njihovoj disciplini. Treba da isparavamo vode tako kako se pojavljuje para u blizini Meseca. Ovo traži *„jedno noćno veoma mirno nebo"*, kažu srednjovekovni alhemičari. Ovo označava da transmutiranje vode treba da se realizuje sa vedrim duhom, bez bludnih impulsa životinjske vrste.

Kada alhemičar uspe da koncentriše Merkur u svojoj okultnoj anatomiji, on biva neprestano iskušavan (podvrgnut probama) u svom inicijatičkom procesu. Ove probe (kušnje) su simbolizovane posredstvom oluja koje treba da vedro i sa strpljenjem pretrpi.

Treba da podvučemo da se čitav ovaj rad realizuje zahvaljujući uzastopnim kombinacijama filozofskog Sumpora i Merkura. Ovo je razlog zbog kog se na ovoj planši još jedanput pojavljuju simbolični bik i ovan koji se ponovo privlače zahvaljujući mlazu nebeske rose seksualne erotičnosti.

U svakoj alhemijskoj transformaciji, nepobitno, uvek interveniše Mesec-Merkur i Sunce-Sumpor, tako kako vidimo na planši.

Onih šest tanjira su smešteni tako da stvaraju trougao sa vrhom nagore, kao na planši broj devet, naznačujući potrebu da se u nama kristališu one tri primarne sile Kreacije (Sveta Afirmacija, Sveta Negacija i Sveta Koncilijacija). Sveta Afirmacija je Otac; Otac u sebi samom. Sveta Negacija je Hristos, supremna negacija svih naših unutrašnjih gadosti. Sveta Koncilijacija je Sveti Duh.

Ove tri sile se kristališu ili koagulišu u nama zahvaljujući Sumporisanom Merkuru ili Kundalininoj Vatri. Ovaj sumporisani Merkur je proizvod ostvarenih transmutacija najviće prefinjenosti.

U donjem delu vidimo alhemijski par kako ponovo koristi balon Alhemije – naše seksualne organe –dobijajući, u nastavku, jednu tečnost sa sve većom koncentracijom.

U drugom donjem okviru, dama adept poverava proizvod svojih transmutacija Bogu Merkuru, koji se upravo sadržava u dotičnim vodama i ukazuje nam na činjenicu da je možemo takođe dozivati kao Božansku majku, za vreme tajne kopulacije.

Alhemičar nikada ne sme da zaboravi svoju Božansku Majku i treba da je moli za vreme svetog čina, da mu pokaže u višim svetovima kakav je njegov rad.

Na kraju, podsetimo se alhemijske postavke koja nas poziva da pečemo i ponovo pečemo, bez predaha, sve dok alhemijska retorta ne bude u potpunosti obrađena.

PLANŠA 13

Ovde ponovo vidimo alhemijski par kako srazmerno meša Sumpor i volatilnu So, a to dokazuje kvalitet i finoću rada koji je dostigao više faze ili nivoe.

Sumpor je predstavljen Suncem sa deset zrakova i So pomoću zvezdice (asteriskusa). Oba elementa predstavljaju volatilizaciju stvaralačke energije oplođenu od Svete Vatre na višim duhovnim oktavama.

U Alhemiji, seksualne radnje mora da se uvek obavljaju u skladu sa Zakonom. Sve treba da se uravnoteženo kristališe, bez fornikacija, bez preljuba. Majstor Samael nas uvek uči da nikada ne treba da izgubimo čak ni jednu kap dragocene tečnosti.

Antimonium, onaj samosvesni deo našeg Bića, koji je zadužen da pričvrsti atome od Zlata u potpuno prečišćenim telima, radi takođe u retorti alhemičara na različitim nivoima i oktavama. Zbog toga ovaj unutrašnji alhemičar se obavezuje da radi savršene kombinacije i tačne mere Sumpora i Soli. Ovo se može videti na prvoj slici.

Rad žene, neophodne saradnice u seksualnoj magiji, jeste predominantan. Tako se vidi na drugoj slici. Ona nam dopušta da radimo sa alhemijskim balonom ili Filozofskim jajetom, seksom, sve dok se ne dobije alhemijsko „RE" ili „RERE". Ovi enigmatični izrazi naznačuju činjenicu da treba da radimo i ponovo radimo, bez predaha, u peći Alhemije. Evo ovde latinsko RE: da se vratimo da... Sa druge strane, rečca RERE, označava da maksimalno rafiniramo rad, odnosno, da treba da se odnosimo prema seksualnom radu sa mnogo ljubavi i bez niskih strasti.

U trećem okviru opažamo alhemičare kako podgrevaju blagom i stalnom vatrom slane i sumporisane elemente. Vidimo da iako je balon navrnut prema muškarcu, vode ne teže da se izliju. Ovo označava činjenicu da u toku seksualnog transa, seminalnim vodama ne treba da se dopusti da uteku i zbog toga se isparavaju zahvaljujući solarnoj vatri ili erotičnoj Kundalininoj vatri, koja je razvijena u asketu.

Još jednom opažamo da vatra koju animira alhemičar svojim dahom, prenosi se na drugu posudu posredstvom tajnih provodnika. Ovo znači da erotička vatra muškarca, ujedinjena sa ženinom, stvara vatru koja na čudan način volatilizira hormonalne seksualne sekrecije.

Neophodno je da u ovim radovima, katkad, podignemo poklopac peći, kao što možemo da vidimo u četvrtom okviru, sa ciljem da izbegnemo da pritisak izlije sakralne tečnosti. Ovo nam naznačava da u toku hemijskog koitusa, treba da budemo sve vreme obazrivi radi napetosti stvaralačkih organa. Tako možemo da izbegnemo da se dogodi ejakulacija ili orgazam, jer se tako gubi čitav rad.

U ovim radovima vršila se aluzija na intenzivnija rafiniranja ili sublimacije. Ovo je dopustilo inicijatu da sklopi brak sa Božanskom Dušom ili lepom Jelenom, a to je budičko telo svakog autentičnog Majstora. Vidimo ga kako je prikazivan pod različitim aspektima u donjem okviru. Na primer, na čizmama adepta, na čijim gornjim delovima su tri tačke ružokrstačko-masonske koje identifikuju Adepta ili kompletnog Majstora. Odelo koje nosi Adept predstavlja ga kao solarnog čoveka. Na rukavima njegove košulje, na ramenu, sada vidimo dve lavlje glave, umesto jedne, kao što je to bilo na desetoj planši. Odnosno, sada je adept vlasnik dveju sila: Budia i Manasa, Božanske Duše i Ljudske Duše.

Ujedinjenje ermita sa svojim unutrašnjim Budiem je naznačeno pomoću načina kojima pružaju ruke, on i žena sa slike. Dosta drugačije nego što su to radili na desetoj planši.

Iznad inicijata sija Sunce Mudrosti ili Sakralna vatra koja ga je uzdigla na viši stepen Majstorstva.

Opažamo brojeve 100, 1.000, 10.000. Broj 100 alegoriše prvu Veliku Inicijaciju. Broj 500, u višim svetovima pridaje se Majstoru kada je već osvojio Petu inicijaciju Velikih Misterija, odnosno kada je podigao pet vatrenih zmija. Broj 1.000 pokazuje ili naznačuje, u ezoteričkim godinama, Majstora koji je inkarnirao ili podigao ne samo pet vatrenih zmija, nego je takođe podigao i pet svetlosnih zmija.

Kada se ovo bude dogodilo, hristifikovani Majstor, posredstvom božanske vatre, seksualne, sklapa brak sa svojom Božanskom Dušom ili svetom Valkirijom. Tako se završava Prva ezoterička planina, Planina Inicijacije.

Broj 10.000 predstavlja kasnije radove mističnog uzdizanja pomoću Merkura ili tajnog agenta Mudraca. Ova uzdizanja su sadržana u inicijatičkim procesima koji odgovaraju Drugoj planini, Planini Vaskrsenja. Ovo je rad koji zahteva uzastopne napore sa atanorom, svaki put koristeći sve više sublimacije ljubavnog čina.

Luk Boginje Dijane nije zategnut, za razliku od desete planše. Ovo pokazuje na činjenicu da su seksualni radovi postali dublji, duži i zbog toga alhemičar uspeva da tačnije percipira transformacije svog sumporisanog Merkura – ens seminisa. Ovo je razlog zbog kog se na ovoj planši pojavljuje veća bela boja, ukazujući na one četiri boje ili faze Velikog Dela: truljenje-crna, beljenje-bela, sublimacija-žuta i kalcinacija ili multiplikacija-crvena.

Onda kada inicijat uspeva da pričvrsti filozofsko Zlato u svojim unutrašnjim telima, onda će on biti sposoban da upotrebljava svoju alhemijsku moć kako bi mogao da projektuje u fizički svet zlato najboljeg kvaliteta. Ove se može uraditi iskorišćavanjem projekcionog praha, koji se sastoji od određenih vrsti atomskih supstanci koje mogu da izađu iz vrhova njegovih prstiju i da prodru u vodu koja se nalazi u posudi pripremljenoj za ove operacije.

Kada se ova voda jednom ispuni ovim supstancama, uzimaju se nekoliko njenih kapi i unose se u istopljeno olovo, onda će se ovo olovo pretvoriti u zlato najvišeg kvaliteta.

Da bi mogao da izvrši ovu vrstu eksperimenta, trebalo bi da je alhemičar već fiksirao pitko zlato u sva svoja unutrašnja tela. Trebalo bi da je već izbacio sve nehumane psihološke agregate koji konstituišu suvi merkur ili korozivni (koji nagriza) oksid o kom govori Alhemija.

14
VI
II
X
Ora
Lege Lege Lege Relege labora
et Inuenies.

PLANŠA 14

lanša pred kojom se nalazimo približava nas kraju alhemij-skog Velikog Dela. Uglavnom opažamo tri peći u gornjem delu crteža. Svaka od njih ima upaljenu vatru. Ove tri vatre predstavljaju u ovoj etapi rada one tri sile koje su već kristalisane u okultnoj anatomiji Adepta. Takođe, ovo simboliše tri purifikacije koje treba da pretrpi prvobitna materija – Filozofski Merkur – Velikog Dela, posredstvom vatre i gvožđa. Ovo su ona tri eksera koja su bila zakucana u telo Isusa Hrista, *Salvatora Salvandusa.* Ova tri klina jesu očigledno svedočanstvo onih triju radova ili silaženja u nedra Devete sfere, seks, da bi se postiglo krajnje oslobođenje.

Ovo su one inicijatičke Tri Planine, Inicijacije, Vaskrsenja i Vaznesenja.

U drugom okviru vidimo jedno dete između dve žene. Žene, nalazeći se na dvema suprotnim stranama, izražavaju nam na očigledan način sledeće: *„Žena počinje i završava rad za oslobađanje Adepta. Ona, supruga sveštenica, jeste ta koja nosi* (čin gestacija) *čoveka ka Majstoru, ka Adeptu, uz pomoć hrističke vatre.“* Ovo je razlog zbog kog supruga Adepta postaje istovremeno njegova se-stra, supruga i majka.

To je žena koja simbolički prede vunu koju vidimo uvijenu na štap kog imaju za pojasom. Ova vuna je ta koja konstituiše materijal sa kojim se stvaraju slavna tela Adepta, ili njegova sveta odeća. Kada Adept stigne do nivoa Solarnog Čoveka, on se pretvara u Dete svetlosti. Ovo je razlog zbog kog su neki alhemičari u Srednjem veku kazivali da je Alhemija „ženska radnja i dečija igra". Treba da se pretvorimo u Decu Mudrosti da bismo mogli da idemo na Nebesa – kosmičke svesti.

Žene i dete na crtežu pažljivo vade, koristeći se kleštima, ugalj da bi pothranjivali sa više goriva dotičnu vatru. Ovo označava činjenicu da „Onaj dva puta rođen", onaj koji je fabrikovao solarna tela, treba da radi u Alhemiji pokušavajući da odvoji ugarak ega od čistog i svetog plamena Sahaje Majtune.

Potrebno je da svedemo na kosmički pepeo nehumane elemente koji konstituišu ugalj lažnog personaliteta – vehikle Karme (grešna tela). Inicijat treba da radi sa makazama, odnosno, treba da odreže svaki nehumani elemenat koji ga vezuje za životinjsku prirodu koju je nekada imao.

Ovo je rad koji iziskuje mnogo strpljenja. Treba da neprestano radimo pomoću seksualne transmutacije – goriva ili seminalne tečnosti, sve dok ne sagorimo seme koje predstavlja upravo poreklo životinjskog ega.

Dete koje vidimo na crtežu stavilo je reket i loptu. Reket ima ulogu filtera, ukazujući da treba da filtriramo, da veoma mnogo rafiniramo ljubavni čin. Lopta simboliše seksualnu silu koju treba da naučimo spretno da manevrišemo. U ovoj etapi inicijat treba da bude mnogo pažljiv u seksualnom radu jer će biti strašno kažnjen ako dopusti da seksualno padne.

Brojevi VI, II i X jesu koraci Velikog Dela. Broj 6 simbolizuje početak rada; 6. Arkanum Tarota, neodlučnost, definitivni izbor između poroka i vrline. Broj 2 simbolizuje momenat u kom su spermatičke vode inicijata bile oplođene od strane Sumpora Mudraca, Kundalini, da bi se stvorio divni sastojak nazvan Sumporisani merkur. Broj 10 vrši aluziju na stvaranje 10 Sefirota ili delova koji čine Sefirotsko drvo Života ili duboko unutrašnje Realno Biće.

Ovo je totalna integracija sa svojim Svetim Starcem ili Starcem Dana.

U sledećem okviru susrećemo nove aluzije sa početka i kraja Velikog Dela. Početak je alegorisan pomoću kockaste peći – kockastog kamena ili seksualnosti, unutar kog se peče u Filozofskom jajetu boginja Mesec (Luna) ili srebrnaste vode početnika. U drugoj peći nalazimo u unutrašnjosti jajeta Zevsa ili Kralja Sunce, simbola svete Vatre koja je razvila svu svoju moć u duhovnom prostoru kandidata. Ovo Sunce ima 10 zrakova zato što se zahvaljujući Kundalininoj solarnoj vatri možemo integrisati sa deset samosvesnih delova Drveta Života. Vatra koju vidimo u one dve peći je snažna vatra. Kažemo snažna, ali nije reč o bestijalnoj seksualnoj vatri, nego o snazi koju dobijamo po onoj meri kojom se podvrgavamo režimu ili disciplini autentične Alhemije.

Pored svake peći primećujemo po jedan krug koji ima u unutrašnjosti tri mala kružića sa nitima. Ovaj alhemijski simbol se odnosi na ona tri poznata dana inicijatičke Alhemije. To su oni isti dani u kojima je prorok Jona sedeo u utrobi kita, nakon kojih je izašao pobednički stižući da kasnije prorokuje u gradu Nineviju.

Stara predanja pričaju o trodnevnoj smrti kroz koju treba da prođe inicijat u nedrima sarkofaga u obliku ribe. Riba, voda i ona tri dana, govore nam o tri velika procesa koje doživljava svaki autentični čovek koji želi da se oslobodi. Ova tri procesa jesu Tri Planine koje je mudro objasnio Venerabilni Majstor Samael Aun Weor u svojoj knjizi „Tri Planine".

Jedna planina je planina Inicijacije, druga je Vaskrsenja – gde se moraju realizovati Dvanaest zadataka Herkulesa, i treća je planina Vaznesenja koja se završava sa hvatanjem Psa Kerbera ili Troglavog psa. Na ovoj poslednjoj planini se osvaja apsolutna dominacija nad seksom, koja tako ostaje i završava se laboratorijski rad.

Treba da opazimo da između dve peći sjaji vaga. Ona nam naznačuje da od početka pa do kraja, inicijat treba da sledi ponašanje koje mu ukazuje Zakon – onih osam Kundalininih vrlina, odnosno, pravilno mišljenje, pravilno osećanje, pravilno delovanje...

Kašika je simbol određenih seksualnih pauzi, koje se čine između dve planine, sa ciljem da se opaža kako napreduje unutrašnji rad i da se duboko reflektuje o potrebi da se umire kako bi se izbeglo hanasmusensko stanje – pobačaj Kosmičke Majke.

Takođe, kontemplirajmo ispod kašike avan i tučak. Ovi nas instrumenti podsećaju na žensko kružno Joni i na muški Lingam koji se nalaze u neprestanom radu za poništenje i otapanje životinjskih agregata za vreme *coitusa reservatus*-a.

Na avanu (*creuzet*) vidimo nacrtan lotos sa sedam latica koji nas podseća na stvaranje vatrenih vehikla (tela) Boga Mercabaha, onih sedam tela svakog Adepta posredstvom kojih se izražava duboko unutrašnje Biće.

Na obe strane avana opažamo „tegove" ili „mere" koje pokazuju mere Alhemije. Srazmerno sa napredovanjem na inicijatičkom putu, težina inicijatičkog krsta postaje svaki put sve teže podnošljiva. Merom kojom napredujemo u unutrašnjem Velikom Delu, probe postaju sve teže. Sve ovo odgovara merama Alhemije koje su bile simbolizovane u pojedinim relikvijama na kamenu prikazujući alhemičara kako jednom rukom diže vagu, a drugom, ispruženom, dodiruje kockasti kamen. (Ovde se to ne vidi! – *nap. prev.*)

Danas, u našim danima, ljudsko biće može da radi u *Magisteriju Vatre*, a da ne zaluta, zahvaljujući mudrim uputstvima koja su uručena u ovim Delima koja su napisana Zlatnim slovima („Savršeni brak", „Misterija Zlatne cvasti" i „Tri Planine").

Na kraju, u donjem delu crteža, vidimo dve posude: jednu iznad muškarca i drugu iznad žene. U posudi koja je iznad muškarca, tečnost izlazi iz posude, ali se ne preliva. Naprotiv, kod druge posude, vidimo da se izlivena tečnost prosipa. Stavovi (gestikulacija) muškarca i žene razjašnjavaju ovu enigmu.

Muškarac nam izražava sledeće: *„Treba da radimo, da transmutiramo seminalnu tečnost bez da se ona gubi, odnosno, bez fornikacije."* Ovo označava svojom desnom rukom, dok nam levom ukazuje na potrebu da budemo obazrivi, rezervisani, ponizni i ćutljivi u radu.

Žena, svojevremeno, ovako nas opominje: „*Ako ćeš ti dopustiti da seme, merkur ili Ens Seminis ispada* (kako se vidi u vezi sa posudom koja je iznad žene), *ako ga ne transmutiraš posredstvom Alhemije, završićeš kao Demon, kao osoba podesna za potopljenu involuciju.*"

U vezi sa činjenicom kojom Gospođa ukazuje da ćemo stići da budemo demoni (ako ne radimo u Alhemiji), ona je ilustrovana položajem njenih prstiju, kažiprstom i malim prstom desne ruke, kojima oblikuje male demonske rogove.

Kada jednom alhemičari ostvare najuzvišenija uzdizanja svog merkura, ostaje još u unutrašnjosti balona (u centru crteža, u donjem delu) simbol Merkura formiran egipatskim hijeroglifom koji označava Boga Ra (sakralnu Vatru) krunisanog Mesecom (simbolom sublimisanih voda i Božanske Majke). Evo ovde divne sinteze Kristalizacije Oca (Solarnog, Intimanog) i Nebeske Majke (Devi Kundalini), koji sada žive unutar prirode Adepta.

Ispod alhemijskog balona vidimo filozofska klešta koja predstavljaju blagost kojom treba da pomeramo žeravicu ili sakralnu vatru, sa ciljem da se ne dozvoli da ponovo ožive bludni agregati u okviru ostvarenog rada.

Latinske reči: ORA, LEGE, LEGE, RELEGE, LABORA, ET INVENIES, označavaju: Moli se, čitaj, čitaj, ponovo čitaj, radi i otkrićeš...

Zahvaljujući Majstoru Samaelu, studenti današnje Gnoze nemaju potrebu da čitaju, da čitaju i ponovo čitaju debele tomove o Alhemiji, jer sve što se odnosi na ovaj mistički rad jeste sintetizovano u delima ovog posebnog čoveka koji je došao kao Božanski vesnik da bi nam otvorio oči za ove velike realnosti.

Osculatus abis
Osculatus abis

15

PLANŠA 15

Na ovoj planši vidimo kraj Velikog Dela. Počnimo time da nam Adept, ispružen na zemlji na lavljem krznu i imajući ruku u opuštenom stavu očigledno ukazuje na zamor i da su radovi sa Vatrom, seksualnim *Magisterijumom*, završeni.

Njegovo obavijeno telo lavljim krznom nas podseća na 11. Arkanum Kabale ili Hermesov tarot. Lav, u Kabali, simbolizuje Vatru. Dakako, lav koji leži na zemlji označava nam da je Vatra Mudraca u potpunosti bila ovladana. Muškarac obavijen lavljim krznom pokazuje nam činjenicu da je Adept istrošen u unutrašnjosti, u svojoj unutrašnjoj prirodi, od strane Sakralne Vatre. Ovaj neprestani rad sa Vatrom Mudraca uspeo je na kraju da zauvek ujedini one dve prirode.

Ovo možemo da razumemo ako opažamo da se Boginja Mesec nalazi u blizini pokleknutog muškarca i Boga Sunce u blizini žene koja kleči. Ovaj hemijski filozofski kontrast označava da su se sile Merkura i Sumpora – žene i muškarca – kristalisale unutar Majstora koji se rodio.

Iz ovog razloga vidimo muškarca i ženu kako pružaju ruke u stavu pomirenja.

Iza alhemijskog para, nalazimo, odmarajući se na zemlji, božansku lestvicu. To je ona lestvica koju smo opazili na početku ovog dela u frontispisu. Sada nam ona pokazuje samo jedanaest stepenica, ukazujući nam da se potrošio rad u *Magisterijumu Vatre*.

Na prvoj planši lestvica je imala dvanaest vidljivih stepenica, a to nas poziva da razumemo 12. Arkanum, Apostolat. Ukazuje nam na potrebu da se uzdižemo na tajnu lestvicu – kičmeni stub – koja ujedinjuje materiju sa duhom, božansko sa ljudskim. Kada vatra i svetlost prožmu 33 pršljena svakog kičmenog stuba u svim unutrašnjim telima Adepta, onda se kaže da se alegorična lestvica odmara.

Više od toga, dvanaest stepenica one lestvice koja se nalazi na prvoj planši ove Neme knjige, ukazuju na činjenicu da je pre uzdizanja potrebno da se spustimo, kao što to prikazuje obešen muškarac koji se pojavljuje na dvanaestoj karti Tarota.

Tamo na onoj gravuri 12. Arkanuma muškarac se pojavljuje obešen za nogu glavom nadole gradeći rukama trougao, a nogama krst. Odnosno, tako kako je objasnio Majstor Samael, potrebno je da vežemo trougao, duh u nama, a ovo je moguće samo koristeći se moćima seksualnog krsta u pokretu.

Iznad para vidimo Starca dana uzdignutog u Vazduh. Ovo je Keter Kabale, koji se integrisao sa Adeptom. Ovaj Starac Vekova ili Božanska i duboka Monada, nosi lovorov venac, simbol pobede i uspeha zahvaljujući činjenici da se Veliko Delo ostvarilo u fizičkoj i duhovnoj prirodi Adepta.

Ovo je Biće našeg Bića koje uvek prima nagrade i čestitke kada uspeva da se u potpunosti manifestuje u svim dimenzijama Prirode. Radi dobra Velike Kauze potrebno je da razjasnimo sledeće: mi, kao borci dela, nikada ništa ne zaslužujemo; onaj ko dobija darove, vrline i moći jeste naše Biće i samo ono. Zbog toga treba da radimo u velikom delu Oca, odričući se plodova akcije, ono što je Božije, Božije je.

Gospoda savršenstva pridržavaju dva anđela koji simbolizuju duhovnu moć i to su ona dva anđela koja su trubila na prvoj planši u ovoj Svetoj knjizi.

Sveti Starac drži u svojim rukama lanac, ukazujući da je odrešen, odvezan. Ovaj lanac je taj kojim je vezan gordijev čvor srednjovekovne filozofije.

Dotičan čvor je konstituisan od životinjskog Ega i bio je uništen, odrešen od strane Adepta koji je umro u sebi samom. Takođe, ovaj odrešeni lanac, u pratnji onih dveju ruža koje takođe vidimo u rukama Venerabilnog, označava nam da je snaga sakralne Vatre ili Kundalinine vatre odvezala ona tri misteriozna čvora, o kojima govori Majstor Samael u svom delu „Savršeni brak" i koji su bili ranije objašnjeni na osmoj planši.

One dve ruže, jedna bela i druga crvena, simbolišu Dušu, odnosno Filozofski kamen; odnosno, Intimnog Hrista inkarniranog u Majstorovu dijamantsku Dušu. Ovo je dokaz da je Majstor osvojio savršenstvo u Majstorstvu, odnosno, ujedinili su se njegova Duša i duboko unutrašnji Hristos.

Hristos odeven u viša egzistencijalna tela Bića, bez ega i prekrivena pitkim zlatom jeste To Soma Heliakon ili egipatski Sahu, Filozofski kamen.

Dobro je da naznačimo da onaj ko otelotvoruje unutrašnjeg Hrista prima tri dara Filozofskog kamena: permanentno zdravlje, univerzalnu mudrost i duhovno i materijalno bogatstvo.

Par prema kom gleda Starac, izgovara njemu sledeću latinsku izreku: *Oculatus Abis*. Odnosno, ti si vidovit. Ovde je reč o činjenici da onda kada se inkarnira Starac Dana, Adept se pretvara u legitimnog vidovnjaka koji može da prodre u sve tajne Univerzuma.

Ovaj latinski izraz može da se poistoveti sa činjenicom da se vidovnjak izvodi iz ona dva osnovna elementa Velikog dela, iz Sumpora i Merkura, iz muškarca i žene.

Vidimo još da su na ovoj planši sva lica uokvirena dvema velikim maslinovim granama. Maslinka simbolizuje Mudrost i blagostanje. Ove dve grane predstavljaju dva tajna kanala – Idu i Pingalu, koje se sada nalaze hristifikovane od strane svetog maslinovog ulja, ili transmutiranog ens seminisa. Ovo pridaje adeptu božansku Mudrost. Setimo se da je Isus Hristos duboko meditirao na Maslinskoj gori i da su Getsimanski vrtovi maslinovi vrtovi.

One dve maslinove grane spojene su na donjem delu uz pomoć manjeg lanca koji stvara jedno „x". „X" je simbol smrti. Mnogo masonske braće je usvojilo simbol krsta u obliku „x" da bi predstavili strašnu Masonerijsku smrt ili smrt životinjskog ega. Setimo se takođe Svetog Andrije koji je bio raspet na krstu u obliku „x". To je seksualna transformacija propraćena smrću Setovih crvenih demona u egipatskoj Teogoniji. Neka se vidi poglavlje IX u knjizi „Tajna doktrina iz Anahuaka", Majstora Samaela.

U osnovi maslinovih grana nalaze se dva ujedinjena krila. Ovo su igniska krila mudrosti pomoću kojih se Adept može podići na najveća uzvišenja Božanske spoznaje.

Gore, u krugovima, Sunce vlada nad beskonačnim Prostorom. Ono je samo, bez meseca pored njega, da bi nam označilo uništenje čitave lunarne prirode u unutrašnjosti Adepta i totalnu hristifikaciju solarne Sile u fizičkoj i duhovnoj prirodi ezoteričkog Junaka.

Sunce, više od toga, jeste simbol prvobitne sile Kreacije, sam Keter Kabale. Sve izlazi iz Daha i sve se vraća Dahu.

Ovo Sunce nas takođe podseća na slobodan život u svom kretanju, ono izvire iz Sakralnog Apsolutnog Sunca, samom sebi nepoznatom. Solarni Apsolut je boravište onih koji su se oslobodili od Samsare i koji su sledili Direktni Put. Tamo postoji, kao što nam je Majstor Samael objasnio, netvorna svetlost, odnosno, tmine koje nisu tmine, nego svetlost koju ne može da shvati ljudski razum. Razume je samo potpuno razvijena solarna svest.

Na kraju, u donjem delu, ispod sakralnih voda, sija štit koji ukazuje na kraljevstvo kome pripada alhemičar Jakov Sulat, onaj Visoki. Dotičan štit je imao u donjem delu natpis koji je nestao. Ali, možemo da kažemo da one tri male figure koje se vide u njegovom gornjem delu i one tri tačke koje se pojavljuju u donjem delu, jesu živa aluzija na one tri prvobitne sile Kreacije – Oca, Sina i svetog Duha, koji vladaju sada nebesima – svešću, zemljom – fizičkim telom, i unutrašnjim telima – u kojima se manifestuje Adept.

GLOSAR

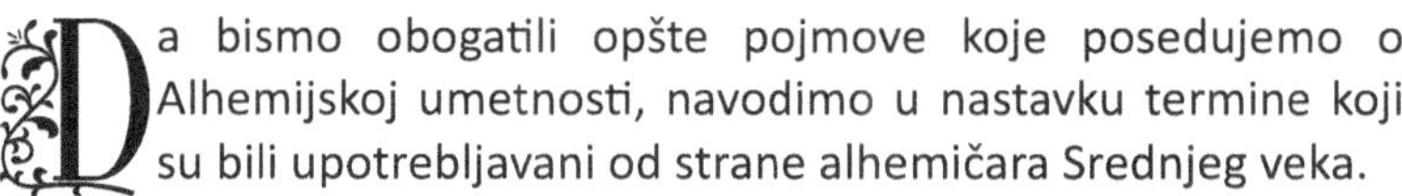

Da bismo obogatili opšte pojmove koje posedujemo o Alhemijskoj umetnosti, navodimo u nastavku termine koji su bili upotrebljavani od strane alhemičara Srednjeg veka.

ALHEMIJA:

Radna umetnost koja dopušta transformaciju, posredstvom igniske vlage, starih metala u Filozofski Merkur i Pitko Zlato.

AMALGAM, FILOZOFSKI:

Razume se da je Amalgam rezultat oplođenja Merkura Mudraca od strane Sumpora. Očevidno, svaki put kada ulazimo u laboratoriju da radimo, oplođujemo Merkur Sumporom.

ANDROGIN:

U Srednjem veku je simbolizovao ujedinjenje Sumpora, seksualne transcendentne vatre sa Merkurom, ens seminis. Kao kralj čija je jedna polovina ženska i druga polovina muška. Takođe, Androgin je simbolizovan posredstvom dvaju zmaja koji spajaju svoje repove i grizu jedan drugom usta.

ANTIMONIJ:

Deo našeg sopstvenog unutrašnjeg Bića koje je zaduženo da fiksira Zlatne atome u unutrašnjim telima prethodno prečišćenim – iz kojih su bili izbačeni suvi merkur i otrovni sumpor, pretvarajući ih u To Soma Heliakon, Zlatno telo Solarnog čoveka.

ATANOR:

To je peć na srednjovekovnim alhemijskim slikama gde alhemičar peče Prvobitnu materiju Velikog Dela. Neki alhemičari su nazivali ovu peć: tronožac tajni. Srednjovekovni alhemičari, pokušavajući da sakriju tajnu seksualne transmutacije, govorili su da peć treba da radi na osnovu ulja koje treba da bude zapaljeno pomoću jednog ili više fitilja u skladu sa potrebnom temperaturom za rad. Ako se to prevede na pristupačan jezik, mi smo stigli da spoznamo, posredstvom Majstora Samaela, da je Atanor alhemičara njegova supruga ili sveštenica. Alhemičar treba da koristi jednu jedinu peć u svojim radnjama, odnosno jednu jedinu ženu.

Atanor sadrži ulje, tako da je očigledno da nam žena daje svoje energije da bismo, mešajući sa svojim, fabrikovali Filozofski kamen, Intimnog Hrista obavijenog i zaštićenog sa To Soma Heliakon. Fitilji vrše aluziju na količinu vatre koju koristi gnostički praktikant Alhemije. Na početku, vatra treba da bude lagana, sa ciljem da unutrašnji proces studenta ne prenagli i da on bude u stanju da izbegne da čini greške koje se ne mogu kasnije ispraviti.

AZOTH:

Ime koje je dato alhemijskom Merkuru od strane nekih znamenitih radnika u Velikom Delu, kao što su bili: Valentin (Basilius Valentinus), Rajmondo Ljuljo, Arnoldo de Viljanova.

BANJA:

Alegorične banje Kralja i Kraljice, koje su stalno ilustrovane na slikama XVI, XVII i XVIII veka nisu ništa drugo nego pozivi na transmutaciju. Takođe, kupanja koja čine Sunce i Mesec se odnose na mnogobrojna ujedinjenja koja treba da obavlja alhemijski par sa ciljem da oplodi Merkur Vatrom. U antikvitetu se kazivalo da Kralj i Kraljica treba da obave 282 kupanja. Ako sabiramo kabalistički, daje nam 12. Ovo nas podseća na 12 zadataka Herkulesa i na 12 ključeva Basila Valentina. Sve ovo nam ukazuje na činjenicu da intimna Autorealizacija stiže do vrhunca kada smo se pročistili u Dvanaest sfera svesti, onih Dvanaest planeta u našem Sunčevom sistemu, onako kao što pokazuje Majstor Samael u svom traktatu Kabale.

BELINA:

Ovaj izraz čini aluziju na dve boje u Alhemijskom radu. Na početku, alhemičar treba da otkrije u svom radu, u unutrašnjosti, crnu boju truleža. Ova će se pojaviti onda kada student bude radio rafinirajući i pokušavajući da stalno uništava psihološki mnogostruki Ego. Kasnije, student opaža da mu se traži da treba da izbeli vode i onda će raditi sa više vatre u Arkanumu, ali uvek sa mnogo ljubavi i nežnosti. Ova bela boja je simbolizovana pomoću goluba u letu ili pomoću ptica Boginje Dijane. Takođe, pomoću goluba kog je poslao Noje, nakon što je poslao gavrana – crnu boju, na svom putovanju po spermatičkim vodama.

BIK:

Simbol Sumpora.

BOJE:

Pored one četiri boje koje se pojavljuju u Velikom Delu, nalaze se takođe i druge boje. Zbog toga, na nekim alhemijskim gravurama se vidi paun, koji simbolizuje količinu boja koje vidi radnik dela u procesu svoje laboratorije. Različite nijanse perja i repa pauna predstavljaju raznovrsnost tonova boja.

CVEĆE:

Kao opšte pravilo, ono predstavlja različite boje koje karakterišu prvobitnu materiju – Merkur, za vreme alhemijskog rada.

DESTILACIJA:

Označava rafiniranje seksualne praktike. Tako su srednjovekovni alhemičari kazivali da se odvaja prvobitna materija od prljavštine (nečistoće), a sve ovo pomoću tajne Vatre.

DIJANA:

Sestra Apola i ćerka Zevsa. Simboliše pretvaranje crnih voda u bele ili u beli želatin. Ona je drugo svedočanstvo merkurskih voda.

DRAGON (ZMAJ):

One dve glave simbolizuju ujedinjenje dveju materija – Sumpora i Merkura. Nikolas Flamel tvrdi, odnoseći se na ovo: *„Simbolizuju se one dve materije u obliku zmajeva, zbog sile i žestine koju obe poseduju u njihovoj prirodi"*. Ovo nam daje ideju o sili seksualne vatre i merkura mudraca.

ELIKSIR:

Eliksir Mudraca je Merkur alhemičara. Ovim eliksirom, sa transmutiranim seksualnim energijama za vreme hemijskog koitusa, mi gnostičari dajemo sebi život, lečimo se od bolesti, činimo čuda itd.

FIKSACIJA:

Kada se fiksira rafinirani Sumpor, pomešan sa Merkurom, pojavljuje se So, koja kada je takođe sublimirana, sintetizuje Veliko Delo.

FILOZOFSKO JAJE:

Predstavlja utrobu naše Velike Majke Kundalini, gde se nosi unutrašnji Majstor. Simboliše takođe i seks. Jaje je predstavljeno staklenim balonom koji se koristi u alhemijskoj laboratoriji. Ireneo Filaleteo kaže da Balon treba da bude dobro zatvoren, jer će inače svo delo propasti.

GAVRAN:

Predstavlja prvo svedočanstvo Dela, ono je crni haos odakle će se pojaviti unutrašnja kosmička kreacija. Takođe je aluzija na truljenje ili smrt psihičkih agregata koji počinju da se otapaju među prvobitnom materijom.

GRIFUS:

Grifon ili Grifus, fabulozna životinja sa glavom i grudima orla, a ostalo telo je lavlje. Simbol druge prirode: fiksna – lav i volatilna – orao. Ili, fiksni Sumpor i isparljivi Merkur. Ova životinja tako predstavlja proizvod one dve prirode ujedinjene, formirajući jednu koherentnu prirodu, nedeljivu, snažnu.

HERKULESOVI ZADACI:

Pripravljanje poslednjih faza radi osvajanja Filozofskog kamena. Neka se vidi knjiga „Tri Planine", Majstora Samaela Aun Weora.

HESPERIDE:

Mitološki vrt u kom se nalazi Drvo sa zlatnim jabukama. Ovo je seksualni vrt alhemičara, onaj kog uvek čuva jedan zmaj koji je sposoban da proždere one slabe i nesposobne da ostvare veliko unutrašnje Delo.

KALCINACIJA:

Reč je o višoj etapi Dela. Kalcinacija treba da se realizuje onda kada Sumpor oplodi Merkur i pridaje ovome žutu boju. Ova faza čini aluziju na kasnije radove, finije, koje će alhemičar ostvariti sa svojom suprugom.

KOAGULACIJA:

Ujedno sa otapanjem ega koagulišu se naša unutrašnja tela od pitkog Zlata, jer je oplođeni Merkur od strane Sumpora bio potpuno rafiniran.

KRUNA:

Jeste simbol pobede u Velikom Delu. To je kulminacija čitavog rada. Podseća nas takođe na Krunu našeg Oca koji se nalazi u tajnosti.

MAČ:

Simboliše alhemijski Sumpor. Seksualna Vatra. Plameni mač se uručuje inicijatu koji je probudio vatru, koji je probudio Kundalini. Mač raste srazmerno sa uzdizanjem vatre duž kičmeni stub.

MAGISTERIJ:

Na latinskom, *Magisterium*, nam govori o Delu Majstora. Sve se sastoji u odvajanju suptilnog od grubog, čistog od nečistog, fiksnog od volatilnog.

MAGNEZIJ:

Ujedinjenje Sumpora sa Merkurom. Divna sinteza kojom izrađujemo jedan proizvod koji otapa paklene agregate koje nosimo u našoj unutrašnjosti. Unutrašnji Magnezijum Alhemije jeste Intimni Hristos, Zlatno dete Alhemije.

MESEC:

Materija alhemičara, nazvana ponekad Venera ili ćerka Saturna. Ovo znači više stvari. Mesec označava prelazak voda od crne boje prema beloj. Zove se još i ćerka Saturna kao posledica činjenice da nije moguće da dajemo belu boju vodama ako ne rafiniramo seksualni čin i ne uništimo blud za vreme tog čina.

METALI:

Simbol psiholoških elemenata koji treba da se pretvore u kosmički prah. To je takođe simbol boja Velikog Dela. Alhemija kaže da u Radu prvo treba da vidimo srebrnastu boju koja predstavlja Merkur (Živu). Potom treba da vidimo crnu boju, Saturn. Kasnije vidimo sivu, koja je u vezi sa Jupiterom. Potom ćemo videti belu boju Meseca i zatim će se pojaviti zelena boja Venere. Kasnije, žuto-narandžasta boja Marsa. I na kraju će se pojaviti zlatno-žuta boja Sunca.

Rodžer Bekon, slavna reinkarnacija Majstora Kagliostra, rekao je sledeće: *„u zavisnosti od čistote ili nečistote Sumpora i Merkura, dobićemo savršene ili nesavršene metale."* Ovo je doslovno rečeno u njegovom delu: „Ogledalo Alhemije". Ovo nam dokazuje da treba da izbegavamo u seksualnom radu otrovni sumpor i suvi merkur.

Basil Valentin je o ovome govorio ovako: *„Čitav rad alhemičara se sastoji iz purifikacije Merkura i Sumpora da bi se dobilo savršenstvo Dela."* Ovo je iz njegove knjige: „Traktat o prirodnim i natprirodnim stvarima".

MORE:

More filozofa je upravo spermatični Merkur. U autentičnoj Masoneriji, studentu ili neofitu se kaže da treba da pređe Bronzano more kako bi osvojio Majstorstvo. Ovo označava činjenicu da treba da se radi sa seminalnim vodama. Stella Maris, Devica mora jeste astralni otisak vatre koja oplođuje more filozofa.

MULTIPLIKACIJA:

Ovaj termin se odnosi na duže radove koje alhemičar obavlja kada već vlada Velikim Arkanumom A.Z.F. Interesantno je da se ovde podvuče ono što je izvesni alhemičar tvrdio: „Merkur treba da se beskonačno umnožava". Podseća nas takođe na umnožavanje riba i hleba koje je realizovao Veliki Kabir Isus u Galilejskom moru.

NATAPANJE:

Jeste isto što je i destilacija. *„Treba da skupljamo prečišćavajuće (lustralne) vode u obliku rose i potom da ih uskladištimo u posude. Kasnije treba da ih isušimo."* Rekao je Nikolas Flamel.

NEPTUN:

Mitološki Bog, sin Saturna, brat Jupitera i Plutona. Neptun vlada nad vodama i lično nad vodama Mudraca. Neptun čini aluziju na Merkur, u radu u Delu.

OBOJENA MATERIJA:

Sposobnost koju ima Sumpor za bojenje Kamena srazmerno sa njegovom promenom.

OVAN:

Simbol Sumpora.

RASTVARAČ:

Naziva se još i Alkaest, to je *ens seminis* oplođen od strane *ens virtutis*-a Vatre. Pomoću ovog realnog ujedinjenja možemo topiti grube metale – ja-ove, pa da ih svedemo na pepeo u alhemijskoj peći.

RASTVOR ili DISOLUCIJA:

Označava, u sintezi, odvajanje onoga što je čisto od grubog, sa ciljem da se Merkur može rafinirati i da na savršen način fuzioniše sa Sumporom, čineći da se pojavi izuzetno jedinstvena materija.

REINKRUDACIJA:

Reč je o tome da se daje snaga prerađenim metalima. Ovo se čini sa Merkurom i treba da se razume kao povratak na rad u Devetu sferu po neposrednoj zapovesti Oca, čak i onda kada je Delo bilo ostvareno. Ovo je slučaj pojedinih Majstora koji su već autorealizovani, ali koji imaju potrebu da ponovo konzumiraju Manu pustinje da bi održavali svoja solarna tela u najboljoj formi, da bi ih podmladili.

REŽIM:

Alhemičari kažu da dobro napredovanje Dela esencijalno zavisi od vrste vatre. Očigledno, ovde nije reč o običnoj vatri, nego o seksualnoj vatri. Kažu, ovako, da treba da radimo sa Merkurom uz pomoć konstantne vatre, provetrene, suptilne, da nije žestoka. Ovo možemo da pročitamo u „Knjiga prirodne filozofije metala", od Bernanda Trevisana.

Pojedini alhemičari su tvrdili, u vezi sa vrstom vatre koja je povoljna za upotrebu, sledeće: *„Dobro je da se Delo započne zimi* – odnosno, laganom vatrom, *da joj damo snagu leti* – tj. da povećavamo vatru pri radu, *i da ubiramo plodove jeseni* – odnosno, da potom osvojimo Majstorstvo."

Takođe, imajući u vidu Alhemijsku raspravu Artefiusa, gde se govori o vrstama vatre, ovako: *„Dobro je da otapamo zimi* – da na početku lagano radimo kako bismo videli crnu boju, *da pečemo u proleće* – da dupliramo vatru kako bismo oplodili Merkur, *i da* *koagulišemo leti* – vatru kako bismo fiksirali Zlato kada je mešanje Merkura sa Sumporom pravilno rafinirano".

SATURN:

Simbol Olova Mudraca. To je aluzija na crnu boju Alhemije. Isto tako, odnosi se na mističnu smrt i na truljenje.

SIVI VUK:

Ime koje Valentin pridaje Antimonijumu (nalazi se u glosaru)

SUBLIMACIJA:

Sublimiranje seksualnog čina kako bismo imali dobar alhemijski rad.

SUVI PUT:

Ovo je jedan od dva puta koji postoje u Alhemiji. Suvi put iziskuje teške radove u avanu Alhemije – seksu. Na ovom putu svi radovi se realizuju odjednom i zbog toga se naziva brzi put, ali je on mnogo bolniji.

Na suvom puta, alhemičar treba da održava svoju materiju u konstantnoj fuziji i da sa Merkurom prerađuje psihološke agregate sve dok oni ne izumru. Ovaj put se još naziva Saturnov put. To je put totalnog odricanja. Na ovom putu, alhemičar treba da izvede do kraja onih Dvanaest zadataka Herkulesa da bi mogao da osvoji ezoterički Trijumf.

TOČAK:

Radnik u Delu često obrće točak. Točak predstavlja korake Velikog Dela.

VINO MUDRACA:

Transmutirana stvaralačka energija. Setimo se napitka božanstva Mandragorasa, koje je davalo onima koji ga piju, inteligenciju Bogova. Vino Boga Bahusa jeste alegorija transmutiranog ljudskog semena. Voda se transmutira u vino u Svetom Gralu Kosmičke Majke, koja se pretvara u našu suprugu – sveštenicu.

ZLATNO RUNO:

To je simbol Velikog Dela; u antikvitetu se govorilo da onaj ko ga bude osvojio, primiće Prah za projekciju, Univerzalnu medicinu. Istorija Jasona i Argonauta je duboko simbolična, predstavlja radove koje treba da obavi alhemičar da bi osvojio Zlatno Runo, Filozofski kamen, intimnog vaskrslog Hrista.

ZMIJA:

Antički Grci su simbolizovali Prvobitnu materiju pomoću zmije koja grize sebi rep. Ova zmija je sakralna zmija gnostičara, naš seksualni elektricitet, Devi Kundalini, koja se uzdiže iznutra i nagore posredstvom seksualne transmutacije. Tajna se nalazi u ljudskom semenu. U prvobitnom semenu. Valentin, u njegovoj knjizi „Pobednička kola Antimonijuma" kaže: *„Sve seme proizilazi iz jednog semena. Sve je smišljeno od jedne jedine majke."*

SADRŽAJ

„Svi imamo pravo na sreću i svrha Gnoze je sreća ljudskih bića bez razlike, ali moramo vrlo jasno shvatiti da je sreća izvan Ega i da je čuveni Ego naš problem.”
Kwen Khan Khu

LITERARNA HRONOLOGIJA AUTORA

1980.	33 OTKRIVENE ALHEMIJSKE GRAVURE
1984.	GOVORI MUTUS LIBER
1987.	LAMBSPRINCK OTKRIVENI
1990.	GNOSTIČKI EGIPAT
1990.	SAMAEL AUN WEOR, APSOLUTNI ČOVEK
1993.	MOĆ TOTEMA
1999.	PAMĆENJA JEDNOG TEBANSKOG SVEŠTENIKA
2004.	EGO, ESENCIJA REALNOST
2004.	GNOSTIČKA ONTOLOGIJA
2007.	ALHEMIJSKI DRAGULJI
2008.	VEČITI GNOSTIČKI ARHETIPOVI
2008.	ODGOVORI KOJE JE DAO JEDAN LAMA
2011.	ČOVEK, ZAKONI I APSOLUT
2012.	GNOZA: MISTERIJE I REVELACIJE
2014.	ALHEMIJSKE RASPRAVE
2014.	GNOSTIČKA STUDIJA O DEMONOLOGIJI

2014. VELIČINA I SJAJ GNOZE

2014. PREMA BESKONAČNOSTI - AUTOBIOGRAFIJA

2016. PISMA JEDNOG AVATARA

2016. DIJALOZI SA MOJOM DUŠOM

2016. SAVREMENI GNOSTIČKI TRAKTAT

2017. ENIGME SNOVA

2017. MELKISEDEK JE BIO U PRAVU!

2017. OTKROVENJE SVESTI

2018. RUŽOKRSTAŠKI EMBLEMI DANIELA KRAMERA
       – OTKRIVENI

2018. AKSIOMI KABALE

2018. MOĆ PONIZNOSTI

2019. HORIZONTI SVETLOSTI

2019. GOVORI GNOSTICIZAM

2020. STUDIJA LJUDSKE PSIHE

2020. GNOSTICIZAM XXI VEKA

PREPORUČENA LITERATURA

Autor ovog dela preporučuje čitaocu dela Majstora Samaela Aun Weora, u kojima će se preciznije produbiti postulati Gnoze — Božanske nauke.

SVEST HRISTA
TRAKTAT OKULTNE MEDICINE
I PRAKTIČNE MAGIJE
SAVRŠENI BRAK
KNJIGA DEVICE IZ KARMENA
GNOSTIČKA KATEHEZIJA
MOĆ JE U KRSTU
SEDAM REČI
VATRENA RUŽA
VOLJA HRISTA
TRAKTAT SEKSUALNE MAGIJE
PRIRUČNIK PRAKTIČNE MAGIJE
MAJORNE MISTERIJE
OSNOVNI POJMOVI ENDOKRINOLOGIJE
I KRIMINOLOGIJE
EZOTERIČKI TRAKTAT TEURGIJE
PLANINA IZ JURATENE
LOGOS, MANTRA, TEURGIJA
ŽUTA KNJIGA
PORUKA VODOLIJE
GNOSTIČKA ETIKA I SOCIOLOGIJA
ASTEČKA HRISTIČKA MAGIJA
KNJIGA SMRTI
MISTERIJE ŽIVOTA I SMRTI
MISTERIJE VATRE
KOSMIČKI BRODOVI
FUNDAMENTALNA EDUKACIJA

BUDINA OGRLICA
EZOTERIČKI TRAKTAT
HERMETIČKE ASTROLOGIJE
LETEĆI TANJIRI
REVELACIJE JEDNOG AVATARE
EZOTERIČKA RASPRAVA RUNSKE MAGIJE
EZOTERIČKI KURS KABALE
MOJ POVRATAK U TIBET
ONOSTRANO SMRTI
PARSIFAL OTKRIVENI
MISTERIJA ZLATNE CVASTI
O MISTERIJI
TRI PLANINE
REVOLUCIONARNA PSIHOLOGIJA
DA POSTOJI PAKAO, DA POSTOJI ĐAVO
DA POSTOJI KARMA
VELIKA POBUNA
TAJNA DOKTRINA IZ ANAHUAKA
TAROT I KABALA
EZOTERIČKI KURS TEURGIJE
MAJANSKE MISTERIJE
REVOLUCIJA DIJALEKTIKE
ZA MALOBROJNE
GNOSTIČKA ANTROPOLOGIJA
PISTIS SOFIJA OTKRIVENA
PETO JEVANĐELJE
BOŽIĆNE PORUKE